クーリエ・ジャポン編

人が見た

プーチンの運命

講談社+α《プラスアルファ》新書

はじめに

二〇二二年二月二四日を境に、世界は変わってしまった。そう指摘する識者は多い。

確かに一九四五年以降、いくつかの不幸な内戦や紛争はあった。だが、『サピエンス全史』で知られる歴史学者のユヴァル・ノア・ハラリが本書で指摘しているように、国際的に承認された国家が、他国の侵略により地図上から姿を消すということはなかった。

ロシアのウラジーミル・プーチン大統領は、そのタブーを冒そうとしている。

人は想像を超える事態を目にすると、しばしば思考停止に陥るが、世界は本当に変わってしまうのか、それともギリギリのところで留まるのか、目を背けてはならない。考え続けなければならない。

本書に登場する一二人は、先に挙げたハラリも含め、世界的に著名な識者ばかりだ。歴史学、哲学、経済学、政治学、文学など専門分野はまちまちだが、「現代の賢人」たちと言って差し支えないだろう。

なぜウクライナのウォロディミル・ゼレンスキー大統領や、ウクライナの人びとは、あれほど圧倒的な武力を前にして、果敢に抵抗することができるのか。なぜプーチン大統領は、経済制裁など国を危うくするほどの反発があることを知りながら、「核兵器」までちらつかせる強気の姿勢を崩さないのか。賢人たちの言葉は、私たちにより深い視座を与えてくれるはずだ。

一二人の具体的な顔ぶれは次の通り（登場順）。

ユヴァル・ノア・ハラリ（歴史学者、哲学者）、ニーアル・ファーガソン（歴史学者）、ノーム・チョムスキー（言語学者、哲学者）、ミシェル・エルチャニノフ（哲学者、ジャーナリスト）、ウラジーミル・ソローキン（小説家、劇作家）、キャサリン・メリデール（作家、歴史家）、トマ・ピケティ（経済学者）、タイラー・コーエン（経済学者）、フランシス・フクヤマ（政治学者、政治経済学者）、ジョージ・ソロス（投資家、慈善活動家）、ジョン・ボルトン（政治家、外交官）、ロバート・ケーガン（歴史家、政治史家）

各章の終わりには「世界のコラム」と題して、プーチンの思考を読み解く記事や、ロシア内で不気味な広がりを見せる「Z」の文字の謎に迫るコラムなども掲載した。

いずれも、世界の主要メディアから厳選した記事を翻訳・紹介するオンラインメディア『クーリエ・ジャポン』から、特に重要と思われるインタビューや論考を中心に選び、加筆・修正を行っている。ウラジーミル・ソローキン「プーチンはいかにして怪物となったのか」のように、ネット掲載時は抜粋記事だったものを、書籍化にあたって全文掲載に改めたものもある。ウクライナ戦争の日々変わる状況のなかで、できる限り最新のものを集めた。


私たちが銃やミサイルなどの武器を手にウクライナ戦争に駆けつけることはないが、賢人たちに学ぶことで、「知性」という武器を手に入れることはできる。

最後に、ハラリのインタビューの一節をここに紹介しておこう。

「我々が圧政と攻撃の勝利を許したら、すべての人がその結果を被ることになります。ただの観察者に留まっている意味はありません。今は立ち上がり、態度を示すときなのです」

二〇二二年四月

クーリエ・ジャポン編集部

◉目次

第四章　この戦争の行方を読む

第一章　この戦争が意味するもの

15

ユヴァル・ノア・ハラリ

「ロシアの侵略を許せば世界中の独裁者がプーチンを真似るだろう」

photo:NurPhoto/Getty Images

歴史学者にして哲学者のハラリは、人類の歴史の行方がウクライナにかかっており、だからこそ決してプーチンに勝利を許してはならないと訴える。

Yuval Noah Harari: ［Es probable que vengan días oscuros, pero Putin ya ha perdido la guerra］ El Mundo 2022/03/07
COURRIER JAPON 2022/03/18

Yuval Noah Harari
1976年、イスラエル生まれ。歴史学者、哲学者。オックスフォード大学で中世史、軍事史を学び博士号取得。現在はヘブライ大学教授。主な著書に日本国内でも100万部を超えるベストセラーとなった『サピエンス全史』のほか、『ホモ・デウス』『21 Lessons』（いずれも河出書房新社）など。

プーチンは完全に間違えた

――二一世紀の戦争は、サイバー攻撃戦略やＡＩ搭載兵器に決定づけられ、より冷淡で暴力性が低いものになるだろうと、私たちは考えていました。ところが、ウクライナ侵攻においては、ロシアが航空支援を受けた地上戦という昔ながらの図式に倣《なら》っている様を私たちは目撃しています。この事実は、いまだに「野蛮」が「テクノロジー」より優位に立っていることを表しているのでしょうか？

ハラリ　テクノロジーは野蛮に対立するものではなく、たいていはそれと両立するものです。最も発達したテクノロジーは、野蛮な暴君に貢献します。さらに歴史においては、古いものと新しいものは両立するのが常です。人々はこの戦争がサイバー戦争になるだろうと予想していましたが、私たちは、火炎瓶で攻撃される戦車を目にしています。もちろん、サイバー戦争も並行して展開されています。

――プーチンは、ロシアの軍事作戦の目的は「ウクライナの非軍事化と非ナチ化」であると宣言し、ウクライナ軍がネオナチに指揮されているというクレムリンの主張に言及しました。二〇二二年に、ヨーロッパでの戦争の釈明として「非ナチ化」という言葉が使われるのを聞いて、何を思いますか？

ハラリ　プーチンは正気を失い、現実を否定しているのだと思います。この戦争すべての基本的原因は、プーチンが頭のなかで空想を作り上げたことにあります。

「ウクライナは現実には存在しない、ウクライナ人はロシアに吸収されたがっている、それを阻んでいるのはナチ一派だけだ」というものです。この妄想のせいでプーチンは、ウクライナを侵略した瞬間にゼレンスキー大統領は逃亡し、ウクライナ軍は降伏し、国民は花を持ってロシアの戦車を出迎え、ウクライナはロシアの一部に戻るはずだと考えたのです。けれど、彼は完全に間違っていました。ウクライナは現実に存在する、非常に勇敢な国家です。ゼレンスキーは逃亡しませんでした。ウクライナ軍は猛烈に戦っています。そしてウクライナ国民は、ロシア戦車に向かって花ではなく火炎瓶を投げつけています。

おそらく暗黒の日々がやってくるでしょう。プーチンはこの国の大部分を征服するかもしれません。でも、手元に留め、吸収することはできないでしょう。それこそが彼の目標ですが、達成することはできないでしょう。彼はすでに戦争に負けたのです。

リベラリズムとナショナリズム

——ロシアによるウクライナ侵攻に誘発されたウクライナ国民の大脱出は、考えられない規模に及んでいます。一週間で一〇〇万人以上の人がウクライナからポーランド、ハンガリー、ルーマニアに向けて逃れました。ヨーロッパに混乱をもたらすというプーチンの目的の成功のほかに、この大量移住は何を意味しているでしょう?

ハラリ　たった一人の残酷な野心が、いかに数百万人に悲惨をもたらすことが可能であるかを示しています。でも私は、プーチンがヨーロッパを混乱させられるとは思いません。事実、彼はヨーロッパを一つにしています。ヨーロッパの人々は、誰も想像しなかったほど迅速で、強力な、全会一致の反応を見せています。

もしヨーロッパがこのまま団結し続けるなら、恐れることは何もありません。ロシア経済は、イタリアや韓国の経済よりも小規模です。ロシアの国内総生産(GDP、二〇二〇年)はおよそ一兆五〇〇〇億ドル(約一七七兆九〇〇〇億円)、ヨーロッパ全体のそれは約二〇兆ドル(約二三七〇兆円)です(一ドル=一一八円で計算。以下同)。

ここ数年、ヨーロッパと西側諸国は、左派と右派、リベラル派と保守主義者のあいだの文化戦争に引き裂かれてきました。ウクライナがこの対立に終止符を打つ一助となってくれるかもしれません。いまは誰もが危険を察知しており、「自由」という中心的価値をめぐって団結できるかもしれないのです。

文化戦争は、間違った考えに基づいていました。ナショナリズムとリベラリズムのあいだには矛盾があるというものです。右派はナショナリズムを支持し、リベラリズムを拒絶しました。左派はリベラリズムを支持し、ナショナリズムを拒絶しました。けれど、リベラリズムとナショナリズムが本当は連動していることを、ウクライナは証明しています。どちらも自由に関わるものです。

ウクライナ人は、自由な社会のために戦うのと同じぐらい、国家の自由のために猛獣のごとく戦っています。さらに彼らは、ナショナリズムとは、外国人を憎むことでもマイノリティを憎むことでもないのだと、私たちに思い出させています。

それは自国民を愛し、人が自分の未来を自由に選択するのを認めることなのです。ナショナリズムとリベラリズムのあいだの深い繫がりをヨーロッパが思い出せるなら、地域内の文化戦争を終結させることができ、プーチンを怖れる理由は何もなくなるでしょう。

劇的に減っていた防衛費

——先日、あなたはこう述べました。「歴史上、平和とは『一時的に戦争がない状態』を意味していたことが多かった。（中略）ここ数十年においては『平和』は、『戦争が起こり得ないこと』を意味する。（中略）戦争の減少は、神が奇跡を起こした結果でも、自然の法則に変化が生じた結果でもない。人間がより良い選択をした結果だ。これが現代文明における最大の政治的・道徳的偉業であることは間違いない」と（「エコノミスト」オンライン、二〇二二年二月九日号)。

私たちが後退して、こうした成果を失うことは何を意味しているでしょう?

ハラリ　プーチンの攻撃が成功すれば、世界中に戦争と苦しみの暗黒時代が訪れることでしょう。

過去数十年、私たちは歴史上で最も平和な時代を謳歌してきました。一九四五年以降、国際的に承認されている国家で、外国からの侵略により地図から消えた国は一つもありません。

内戦のような別種の争いは減っていませんが、二一世紀最初の二〇年間で、人間の暴力により殺害された人の数は、自殺や自動車事故、肥満に起因する病の犠牲者数を下回りました。火薬は、砂糖よりも死をもたらす存在ではなくなったのです。

この平和の時代は、政府予算にさらに明確に反映されていました。過去数十年間、世界中の政府が自国は充分に安全であると感じたため、軍隊にかけられる予算は平均してたったの六・五%でした。一方で、教育、保健、ソーシャルワークには、はるかに多くの金額が投資されてきました。EU加盟国のあいだでは、防衛費は平均して三%程度でした。これは驚くべき成果です。

数千年のあいだ、王、皇帝、スルタンたちは、予算の大半を軍隊に費やし、臣民の教育や保健にはほとんど投資しませんでした。古い王たちと同じように、プーチンは予算の一〇％以上をロシア軍に費やし、社会サービスを疎《おろそ》かにすることで軍事力を築いてきました。

もしもウクライナ侵攻が成功すれば、世界中の国々がプーチンを真似るでしょう。このような征服を夢見る独裁者は大勢おり、彼らはプーチンと同じことをして幸福を感じるはずなのです。民主主義国家も、自衛のために軍事予算を二倍、三倍にするように求められるでしょう。

たとえば、すでにドイツは一夜にして国防予算を倍増させました。教師、看護師、ソーシャルワーカーに充てられるべきお金が、戦車、ミサイル、そして「サイバー兵器」にかけられるのです。

戦争の新時代はまた、人類共通の緊急の課題をめぐる国際協力を衰退させるでしょう。相手を壊滅させる覚悟の国と仕事をするのは容易ではありません。おそらく、プーチンが成功すれば、人工知能による軍備拡大競争が起こり、気候変動予防に向けた国際的努力は崩壊するでしょう。

プーチンが敗北すれば、平和な時代の継続が保証されることでしょう。世界中の国が、暴力に勝ち目はなく、プーチンを真似れば罰せられるという教訓を学ぶのです。国防予算は低く抑えられ、保健予算は高くなります。プーチンが敗北すれば、おそらく地球の住民一人ひとりが、より良い医療と教育を受けられるでしょう。

観察者に留まってはいけない

――過去の悲劇が引き起こした痛みを知り尽くし、同時に変化の可能性に信頼を置く歴史家として、いま、あなたはご自身に何と語りかけますか？

ハラリ　決定的瞬間が訪れた、そして攻撃と圧政を打ち破るために誰もができる限りのことをするべきだと言います。寄付をするのであれ、オンラインの「戦い」に貢献するのであれ、制裁を支持するのであれ、ただ窓にウクライナの国旗を吊るすのであれ。

ウクライナの人々は、全世界の未来の輪郭を描いているのです。我々が圧政と攻撃の勝利を許したら、すべての人がその結果を被ることになります。ただの観察者に留まっている意味はありません。いまは立ち上がり、態度を示すときなのです。

――ウクライナで命運が懸かっているのは人類の歴史の行方であると、あなたは主張しています。ロシア社会にどのようなメッセージを送りますか？

ハラリ　これはロシアの戦争ではありません。プーチンの戦争です。ロシア人とウクライナ人は家族です。プーチンは毎日両者のあいだに憎しみの種を植え付けようとしていますが、いま戦争が止まらなければ、何世代も憎しみが続くでしょう。かつてロシア国民はヒトラーに勇敢に抵抗し、人類を救いました。ロシア国民は、プーチンに勇敢に抵抗することにより、再び人類を救うことができます。

もしかすると、彼らは通りに出て意思表示をするのは危険すぎると感じているかもしれません。しかし、ロシア人は暴君への抵抗にかけては非常に聡明な人々です。彼らは経験豊富です。ですから、プーチンとその戦争に抵抗する方法を見つけてください。それも遅すぎないうちに、そうしてください。

ニーアル・ファーガソン
「プーチンはウクライナ戦争で何を目論んでいるのか」

photo:picture alliance/Getty Images

世界的な歴史学者のニーアル・ファーガソンが開戦直前に書いた論考は、過去から現在、そして未来をも見通す、歴史家ならではの示唆に富んでいる。

Niall Ferguson: [Putin's Ukrainian War Is About Making Vladimir Great Again] Bloomberg 2022/01/02
COURRIER JAPON 2022/02/17

Niall Ferguson
1964年、イギリス生まれ。歴史学者。オックスフォード大学で経済史などを専攻し、博士号を取得。同大やケンブリッジ大学、スタンフォード大学でフェローや教授を歴任。「世界で最も有名な歴史学者」とも呼ばれる。主な著書に『マネーの進化史』(早川書房)、『スクエア・アンド・タワー（上、下)』(東洋経済新報社）など。

プーチンからの最後通牒

戦争が起ころうとしている。「とても喜ばしいとは言えない大北方戦争」だ。ロシアのウラジーミル・プーチン大統領の心のなかではウクライナとの戦争は決まっている。

プーチンは二〇二一年七月、「ロシア人とウクライナ人の歴史的一体性」と題した長い論文を発表し、ウクライナが独立している現状は、歴史的に見ても持続不可能な異常事態という偏向した主張をしていた。

これを読めば、一九三八年のナチス・ドイツによるオーストリア併合のような形でプーチンがウクライナを獲ろうと考えていることは一目瞭然だった。それに、その論文が発表される前から、ロシアは約一〇万人の兵力をウクライナの北と東と南の国境付近に展開していた。

最近のニュースを読んでいると、イギリスの歴史家A・J・P・テイラーの『第二次世界大戦の起源』（講談社学術文庫）が心に蘇り、嫌な気分になってしまう。この本は、テイラーがトレードマークの皮肉をたっぷり利かせた文章で、宥和政策から戦争に至るまでの一九三八〜三九年、外交の各段階をたどったものだ。

プーチンはこの一年間、ロシアの安全保障に関して「越えてはならない一線」を示し、その線を越えたら「非対称的な措置をとる」と繰り返し警告してきた。

二〇二一年一一月三〇日にも、プーチンは「ウクライナの領土内に何らかの攻撃システムが現れたら、我々も自分たちを脅かすものと同様の何かを作らざるを得なくなる」と発言している。

ロシアは二〇二一年一二月一七日にも、最後通牒同然のものをアメリカと北大西洋条約機構（NATO、一九四九年の設立以来、欧州の安全保障の要を担う）に突きつけた。

ロシアが公表したのは、米露の二国間条約の草案とNATOとの多国間協定の草案だった。ロシア側のおもな要求は次の六つだった。

一　NATOはウクライナなどを新規に加盟させることを止める。

二　アメリカとNATOはロシアの領土が射程圏内に入る位置に中短距離ミサイルを配備しない。

三　アメリカは自国の外に核兵器を配備しない。

四　NATOは、一九九七年五月にロシアと結んだいわゆる「基本文書」以降の加盟国に部隊や兵器を展開してはならない。これにはポーランドを始めとした旧ワルシャワ条約機構（一九五五年に旧ソ連と東ヨーロッパ諸国が結んだ軍事同盟）のすべての国のほかに旧ソ連のバルト三国も含む。

五　NATOは旅団規模（三〇〇〇～五〇〇〇人）を超えた軍事演習も、合意された緩衝地帯での軍事演習もしてはならない。

六　アメリカは旧ソ連諸国とは軍事的に協力しないことに同意しなければならない。

西側に要求しているもの

ロシア側の要求の一部について言えば、現状では失効しているものの、かつてNATOとロシアの間にあった安全保障上の取り決めを復活させようとするものだ。

たとえば、中短距離ミサイルの配備禁止は、アメリカが二〇一九年にロシア側の違反を指摘して失効させた中距離核戦力全廃条約の復活とほぼ同じと言える。

旧ワルシャワ条約機構の国々にNATOの部隊を展開しないというのは、NATOとロシアが二五年前に交わした、いわゆる「基本文書」の内容をもう一度確認するものだ。

NATOはロシアが二〇一四年にクリミアを併合した際、この基本文書の一部を凍結したが、現在でもこの基本文書を廃したわけではなく、東欧に部隊を常駐していない。

ロシアが要求する軍事演習の制限も、ロシアが二〇〇七年に履行停止をしたヨーロッパ通常戦力条約に似ていると言っていい。

しかし、NATOは二〇一七年から「強化された前方プレゼンス」政策のもと、エストニア、ラトビア、リトアニア、ポーランドにそれぞれ約一〇〇〇人の部隊を「ローテーション」させてきた（この「ローテーション」という語句にこだわったのはドイツであり、そこには「基本文書」に明確に違反することは避けたいという狙いがある）。

仮にこのローテーションを終了させるならば、それはロシア政府に対する大きな譲歩と言えるだろう。

新しいヤルタ協定

ロシアの要求のなかには明らかに無理難題としか言えないものもある。NATOは二〇〇八年、ウクライナとジョージアに対し、将来的に加盟できることを約束した。その約束の撤回は非常に考えにくい。

仮にバイデン大統領がロシア側の要求を受け入れたくても、アメリカ連邦議会がそれを許さないのはほぼ確実であり、連邦議会だけで軍事援助の法案を通す可能性もあるだろう。

また、ＮＡＴＯの根本原理は、加盟国内での核兵器の共有だ。アメリカに対し核兵器を国外に配備するなというロシアの要求は、その根本原理をひっくり返すことを求めるような無茶な話だ。

総合的に見れば、ロシアが求めるのは「新しいヤルタ協定」とでも言うべきものだろう。それは一九四五年のヤルタ協定と同じで、東欧の旧ソ連諸国全体をロシアの勢力圏に組み込み、旧ワルシャワ条約機構の国々の安全保障も弱めるものだ。

そんな要求に対して話し合いに応じるべきなのは、ロシア側がその代わりに何か大きなオファー、たとえばウクライナ領からのロシア軍全軍撤退などを提案してきたときだけだ。

しかし、いまのプーチンに譲歩の意思はない。プーチンが準備しているのは開戦事由なのだ。

ソ連復活が望みなのか

プーチンは二〇二一年一二月二三日、毎年末恒例のマラソンのように長い記者会見をし、たとえロシアの安全保障に関して「越えてはならない一線」を越えないという保証を書面で得たとしても、ロシアはアメリカを信じられないと語った。プーチンに言わせれば、これまでのＮＡＴＯ拡大で「あからさまにウソをつかれてきた」からだ。

「ロシアの玄関先」にアメリカの攻撃用の兵器が配備されるのは、ロシアの攻撃用の兵器がカナダやメキシコに配備されるようなものだとも言ってきた。記者のひとりがロシアは怒っているのかと質問すると、プーチンは一九世紀の帝政ロシアの外交官アレクサンドル・ゴルチャコフの言葉を引用してこう言った。

「ロシアは怒っていない。集中しているだけだ」

この場合の「集中」は、「兵力の集中」という意味で受け取るべきだろう。

西側諸国の評論家たちがよく犯す間違いがある。それはプーチンがソビエト連邦の崩壊について、二〇〇五年に「二〇世紀最大の地政学的大惨事」と発言したことに注目し、プーチンの目標はソ連の復活だとすることだ。

なるほどプーチン政権が「メモリアル」という団体に容赦なく対処したところなどを見ると、プーチンがいまだにスターリンの邪悪な影に多少の忠誠心を抱いているかのように見える。

この「メモリアル」という団体は、ソ連というシステムの犯罪の証拠を残し、数百万人の被害者の追悼を目的とした組織だったが、二〇二一年一二月末、モスクワの裁判所によって閉鎖を命じられた。閉鎖の理由は、この団体が外国のエージェントであることを公にしていなかったというもっともらしいものだった。

検察官のアレクセイ・ザフィアロフは判決を前にこう言っている。

「メモリアルはソビエト連邦がテロ国家だったという誤ったイメージを作っています。ソ連時代を栄光の歴史と記憶すべきなのに、悔い改めるべき過去としているのです。しかも誰かからお金をもらって、そんな活動をしているのです」

スターリン時代をマジックリアリズムの手法で忘れがたく描き出した作品に、ミハイル・ブルガーコフの『巨匠とマルガリータ』（岩波文庫）がある。前述の検察官ザフィアロフなどはこの作品に端役として登場しそうなのは間違いない。

だが、プーチンが仰ぎ見るのはスターリンのソ連ではない。プーチンが意識しているのは、ピョートル大帝時代の勃興期のロシアなのだ。

そのことはプーチンが二〇一九年に英国の経済紙「フィナンシャル・タイムズ」の編集長（当時）ライオネル・バーバーからインタビューを受けた興味深い記事を読めばはっきりしている。

バーバーは「閣議室にある儀式用の机の上には、先見の明を持ったツァーリ（皇帝）のブロンズ像がそびえ立っていた」と書き、プーチンの「お気に入りの指導者」はピョートル一世だとしているのだ。

実際、プーチンはインタビューでこう語っている。

「彼（ピョートル大帝）が掲げる大義が生き続けるかぎり、彼も生き続けるだろう」

ピョートル一世と大北方戦争

プーチンはこの言葉で何を言わんとしているのか。それを正確に理解するには三世紀前に遡《さかのぼ》り、大北方戦争（一七〇〇〜二一年）の時代へと旅に出る必要がある。

その頃、ヨーロッパ北部で勢力を振るっていた軍事大国は、ロシアではなくスウェーデンだった。当時のスウェーデンの君主はスカンジナビア史上屈指の戦士カール一二世だった。

大北方戦争でこのカール一二世と戦ったのが、デンマークとノルウェーの国王だったフレデリク四世、ザクセン選帝侯でポーランド国王とリトアニア大公でもあった「強健王」アウグスト二世、そしてモスクワ大公国のツァーリのピョートル一世だった。

スウェーデンのカール一二世は一七〇九年までに、フレデリク四世とアウグスト二世を打ち負かしていた。だが、難敵として立ちはだかったのがピョートルだった。

ポルタヴァの戦い（一七〇九年七月八日）は、ピョートル大帝がその治世で手にした勝利で最も重要なものだった。スウェーデン軍はロシア軍の焦土作戦に遭い、モスクワへの進軍を諦め、越冬のために南進した。

カール一二世がスウェーデン軍を率いて向かった町がポルタヴァだった。キーウ（キエフ）から東に約三五〇キロメートル。いまのウクライナ東部に位置し、分離独立派がロシアからの支援を受けて支配するルガンスクやドネツクといった係争地にも近い。

当時のポルタヴァはどこの国だったのだろうか。ロシアでなかったのは確実だ。だが、ウクライナだったとも言い難い。少なくとも近代的な意味では、そこはウクライナではなかった。

「ザポロージャのコサック軍」のヘーチマン（ウクライナ・コサックの棟梁の称号）だったイヴァン・マゼーパがスウェーデン王と運命を共にすると決めたとき、彼は「貧しき母なる祖国ウクライナ、ザポロージャのコサック軍全体、小ルーシの国の共通利益のためだ」と言ったとされる。

この「ザポロージャのコサック軍」というヘーチマン国家は一六四九年、ボフダン・フメリニツキーによって建国された。

フメリニツキーはヴォルィーニ、ブラーツラウ、キーウ、チェルニーヒウといったルーシ人の土地をポーランドの支配から解放したが、最終的な統治領域はキーウ周辺の地域に限られた。いまウクライナとして知られる国は、ポーランドから西に引っ張られ、モスクワ大公国から東に引っ張られる国だったのだ。
この状況に決着をつけたのがポルタヴァの戦いだった。

ポルタヴァの戦いの残響

厳しい冬のせいで、カール一二世のスウェーデン軍は約二万二〇〇〇人まで減っていた。それに対するピョートル一世の軍勢は四万人のロシア軍に加え、非正規軍も五〇〇〇人いた。

カール一二世は流れ弾が足に当たり、傷を負っていた。偵察が拙劣だったのに加え、最初の攻撃でミスがあったので、スウェーデン軍は決戦の前に兵力の三分の一を失っていた。

スウェーデン軍は軍勢の規模で劣り、打ち負かされて敗走した。敗残兵はドニプロ（ドニエプル）川沿いのペレヴォロチナで降伏した。カール一二世はドニプロ川を渡り、オスマン帝国領に逃げ込んだ。ピョートル一世の完勝だった。

ピョートル一世の評伝を書いたリンゼー・ヒューズによると、ポルタヴァの戦いはその後の歴史に大きな影響を長く与え続けたという。

この戦いでピョートル一世は三度命拾いしたという伝説がある。銃弾が一発貫通した彼の三角帽子は、いまもピョートル大帝の所持品としてエルミタージュ美術館に収蔵されている

ルイ・カラヴァクが描いたポルタヴァの戦い
Photo: Wikimedia Commons

(ブロンズの胸当ても、銃弾の穴こそないが、戦いの形跡が残っており、これも同美術館に収蔵されている)。

ポルタヴァの戦いは、ピョートル大帝の統治時代を描いた二作の名画を生んでいる。ヨハン・ゴットフリート・タンナウアーの「ポルタヴァの戦いでのピョートル一世」、それからルイ・カラヴァクが描いたポルタヴァのパノラマ画だ。

この戦いの前のピョートル一世の演説は、ロシア軍の兵士なら何世代も前から聞かされてきたものだ。

「ロシア軍よ、ときは訪れた。いま祖国の全運命が汝たちの手中にある。ロシアが負けるのか、それとも新たに生まれ変わり、興隆していくのか。それが決まろうとしている。

汝たちはこのピョートルのために闘う目的で、

武装して集められたのではない。汝たちはピョートルに委ねられた国家のため、汝たちの親族、全ロシアの民のために闘うのだ。

知っておけ。このピョートルはロシアの信仰心と栄光と繁栄のためなら自分の命を惜しまぬつもりである」

ロシア列強化の記憶

これこそが現代ロシアのツァーリ「ウラジーミル大帝」を鼓舞する歴史なのだ。それはスターリンの恐怖政治時代の暗い歴史ではない。

それにウクライナ人の心では、スターリンの恐怖政治時代といえば、ホロドモールという農業集団化という名目で引き起こされた人工的飢饉による大虐殺と結びついている。

ピョートル大帝の歴史を振り返ってわかるのは、ロシアがヨーロッパの列強として台頭していくうえで、いまウクライナとなっている土地で勝利したことが、いかに決定的だったかということだ。この土地がいまと同じように一八世紀前半も係争地だったこともわかる。

ピョートル一世の後継者を自任するプーチンは夢想家と言うべきだろうか。必ずしもそうとは言い切れないだろう。

ロシアの人口は縮小していると言う人がよくいるが、これは間違いだ。実際にはロシアの人口は二〇〇九年から二〇二〇年まで毎年、増加しているのだ。たしかにロシアの一人あたりGDPは韓国を下回り、アメリカのGDPのわずか二〇％以下でしかない。

だが、第二次世界大戦が勃発した当時の侵略国の経済規模を見てみよう。イギリスの経済史家アンガス・マディソンの試算によれば、当時のソ連のGDPはアメリカの約半分、ドイツはアメリカの四三％、日本は二四％、イタリアは一八％だった。戦争は必ずしも強者が始めるわけではないのだ。

想定されるシナリオ

いずれにせよプーチンは一九三九年とは異なり、ウクライナの畑に戦車の列を走らせて戦争を始める必要はない。そのような全面的な地上侵攻は数ある選択肢のひとつに過ぎない。ウクライナの黒海沿岸部に水陸両用作戦を仕掛けたり、ウクライナ国内の主要な標的に精緻な空爆やミサイル攻撃を仕掛けたりするのも可能性としてある。ウクライナ東部の民兵組織の兵器を拡充して、民兵組織が持つ領土を拡大することもできるだろう。

あるいは大規模なサイバー攻撃を仕掛けて、ウクライナの通信やインフラを麻痺させることも可能だ。ロシアの近年の戦争（二〇一四年以降のウクライナでの戦争や二〇一五年以降のシリアでの戦争）を見ると、いずれも着実に段階を追ってエスカレートしている。

奇襲による大規模な侵攻はしていない。ロシア軍の電撃戦は、二〇〇八年のジョージアとの戦争まで遡らなければならない。しかし、あのときも戦争は五日間で終わり、ジョージアの首都を攻め落とすことはなかった。

自分たちの国を守るために闘うウクライナ人の若者が数多くいることは疑いようがない。だが、支援を受けなければ、彼らに望みはほぼないだろう。そして不幸なことに、いまは誰も彼らに助けの手を差し伸べようとしていないのだ。

ウクライナ政府は、もう何年も前からEUとNATOへの加盟を求めてきた。ウクライナの外務大臣ドミトロ・クレーバも二〇二一年の八月と一二月に外交専門誌「フォーリン・アフェアーズ」でその要望を繰り返し述べてきた。

ウクライナは二〇二一年六月、ブリュッセルで開催されたNATO首脳会議でNATO加盟行動計画に招待されると願っていた。だが、その招待が来ることはなかった。

ウクライナ政府が受けた打撃はもうひとつある。バイデン政権が、ロシアとドイツを結ぶ総事業費一一〇億ドル（約一兆三〇〇〇億円）の天然ガス・パイプライン「ノルドストリーム2」の事業会社に制裁をかけるのを断念したことだ（のちに制裁を発表）。

ウクライナを迂回するこのパイプラインはすでに完成しているが、まだ稼働はしていない。だが、稼働が始まれば、ウクライナは通行料として得ていた毎年二〇億〜三〇億ドル

（約二四〇〇億～三五四〇億円）の収入を失うことになるのだ。

ウクライナはジョージアやモルドヴァとともに、次のＥＵ拡大の一部になりたがってきた。だが、ＥＵに本格的な加盟プロセスを急いで始める様子はない。

ウクライナのＥＵ加盟を阻むもの

ＥＵがウクライナの加盟申請のプロセスを進めようとしない名目上の理由は、ウクライナがまだ次のコペンハーゲン基準を満たしていないからだという。

一　民主主義、法の支配、人権、マイノリティの尊重と保護を保証する安定した体制を有していること。

二　市場経済が機能しており、ＥＵ内の競争圧力や市場の力に対応できる能力があること。

三　ＥＵ法を成すルール、基準、政策を効果的に実施できる能力があり、政治同盟・経済同盟・通貨同盟としての目的を順守すること。

これに対し、ウクライナは、ルーマニアやブルガリアも加盟交渉が始まった二〇〇〇年の時点でも加盟前年の二〇〇六年の時点でも、これらの基準を満たしていなかったではないかと文句を言ってきた。たしかに、その文句に理がないわけではない。

またEUに加盟しているハンガリーが、NGO「フリーダム・ハウス」の政治的自由度ランキングでウクライナにかなり近いところまで下落していることも、ウクライナ人は見逃していない。

だが、これはEUの対応が遅くなっているもうひとつの理由だとも言える。近年、EUではハンガリーのオルバン首相の評判が非常に悪い。

欧州諸国の指導者や高官は、いまウクライナを加盟させると、EU圏内に反自由主義の専制国家同然の国がもうひとつ増えてしまい、ハンガリーやポーランドといった、ポピュリズム勢力が強い国々が結集して、（社会問題に対して意識が高い）ウォーキズムに入れ込む欧州委員会に歯向かってくるのではないかという心配が出てきているのだ。

経済制裁は双方にダメージ

仮にプーチンが軍事行動に出たとしても、ウクライナが西側諸国から得られる軍事援助が微々たるものとなることははっきりとしている。

バイデンは二〇二一年一二月八日、米軍の派兵を検討しないと明言した。また、プーチンを挑発することを恐れて、ウクライナ政府への軍事援助も遅らせてきた。

それではバイデンが二〇二一年末の米露首脳電話会談でプーチンに伝えた「ロシアがさらにウクライナを侵略するならば、アメリカは断固とした対抗措置をとる」とは、何を意味していたのか。

その問いの答えは二〇一四年と同じだ。暴力には経済制裁が科されるということだ。二〇二一年一二月七日、アメリカ国務次官（政治担当）のヴィクトリア・ヌーランドが、アメリカとEUは「一日目の対策、五日目の対策、一〇日目の対策など」を準備していると議会で証言している。制裁の具体的な内容については明かされなかったが、「ロシアがグローバルな金融システムから完全に切り離されることになる」とのことだった。

具体的には、おそらく「ノルドストリーム2」の計画を停止させ、セカンダリー市場（株式や債券を投資家間で売買する流通市場）でのロシアのソブリン債に制裁を科し、（ロシア貯蓄銀行といったロシア最大の銀行を含む）国有銀行に制裁を科し、ルーブルとドルの両替に制限をかけ、ロシアを国際銀行間通信協会（SWIFT）という銀行間の国際決済に使われる主要なシステムから排除することとなのだろう。

これは二〇一四年に科された制裁よりもはるかに厳しい。だが、ロシアに深刻な影響を及ぼす措置のすべては、西側諸国にも連鎖反応で深刻な影響が出る。ロシアがそのことを知らないはずがない。

二〇一八年、ロシアのアルミニウム製造大手「ルサール」に制裁が科されたが、世界のアルミニウム市場に衝撃が走り、結局、アメリカは制裁を解除せざるをえなくなったのだ。一次産品を輸出するロシア企業に制裁を科すと、単にロシアに大きな損害が出るだけでなく、ほかの国々にも大きな損害が出る。

アメリカはロシアの石油企業「ロスネフチ」をアメリカ財務省の特別指定国籍業者のブラックリストに入れることができるが、そんなことをすれば、バイデン政権の悩みの種となっているインフレ問題を悪化させるだけだ。

メディアでは「ノルドストリーム2」への制裁の可能性が盛んに報じられているが、これは比較的ささいな問題であり、ロシアの天然ガス収入にさほど大きな影響を及ぼすことはない。

また、ロシア政府の外貨準備高は（二〇二一年末時点で）六三〇〇億ドル（約七四兆円）あり、公的債務残高も対ＧＤＰ比でたったの一八％、今後二年は財政黒字になる計画なので、セカンダリー市場でソブリン債が制裁の対象になっても持ちこたえられそうな状況だ。

西側諸国の戦略の弱点は、いうまでもなくEUがロシアの天然ガスに依存していることだ。二〇二〇年にEUが輸入した天然ガスのうち、ロシア産が全体の四三％を占めている。

フランスのエマニュエル・マクロン大統領とドイツのオーラフ・ショルツ首相は先日（二〇二一年一二月一五日）、ウクライナのウォロディミル・ゼレンスキー大統領とブリュッセルで会談し、いつものごとく、ロシアがウクライナに軍事行動をとれば、「非常に重い結果」と「深刻な損害」が出ると話をした。

だが、そのような強がった話をしても、ショルツの場合、首相になって最初の演説で打ち出したのが、新しい「東方外交」だったのだから効果はないに等しい。

「東方外交」とは、旧西ドイツのヴィリー・ブラント首相が冷戦時に打ち出した外交政策で、東ドイツやポーランドやソ連といったソ連圏の国々との関係を正常化しようとした政策のことだ。

流血地帯と呼ばれた場所

いま勃発寸前の「とても喜ばしいとは言えない大北方戦争」は、いろいろな意味で非対称的になるだろう。ロシアの兵力はウクライナの国防力を圧倒するに違いない。そんな軍事行動に対し、西側諸国は経済制裁を科すことで対応するだろう。

ただし、この経済制裁は、アメリカよりも欧州諸国に大きな損害をもたらすはずだ。ロシアにも損害は出るが、プーチンに軍事行動を思い留まらせるほどは大きくない。

要するに、いまの状況ほど「ウラジーミル大帝」が大胆な一手を繰り出すのに都合がいいときはないのだ。外交の長談義を数週間続けてもそこは変えられない。

戦争が迫っているのではないかと私は不安を抱く。ウクライナとその周辺地域は、戦争が起きやすい場所なのだ。

イェール大学の歴史家のティモシー・スナイダーは、この地域をいみじくも「ブラッドランド（流血地帯）」と呼んだ。それは一九三〇年代と四〇年代にこの地域で起きた残虐行為を念頭に置いた命名だった。

しかし、その歴史はいまウラジーミル・プーチンの頭で最も意識されている歴史ではない。プーチンがポルタヴァで凱旋行進をすることになっても驚いてはならない。

ノーム・チョムスキー

「ウクライナ戦争による米露対立は、全人類への死刑宣告になる」

photo:ullstein bild/Getty Images

93歳を迎え、第二次世界大戦も知るチョムスキーはいまの事態を深刻に憂えている。これ以上の悲劇を回避するために世界がなすべきことを語った。

Noam Chomsky:［US Military Escalation Against Russia Would Have No Victors］Truthout 2022/03/01
COURRIER JAPON 2022/04/02

Noam Chomsky
1928年、アメリカ生まれ。言語学者、哲学者。ペンシルベニア大学で言語学、数学、哲学を学び、1955年に博士号取得。マサチューセッツ大学にて半世紀にわたり教鞭を執った。2001年刊行の『9・11』（文春文庫）がベストセラーに。90歳を超えたいまも精力的に発言を続けている「世界の知の巨人」。

二五年前から始まっていた

――ロシアによるウクライナへの侵攻は多くの人に驚きと衝撃を与え、世界を震撼させました。しかしながら、NATOの東方拡大や、プーチンが要求したウクライナの安全保障上の「レッドライン」をまともに取り合おうとしない米政府に対し、プーチンがかなり苛立っているという指摘は以前から多くありました。なぜ、プーチンはこのタイミングで侵攻に踏み切ったのでしょうか?

チョムスキー 質問にお答えする前に、議論の余地のない事実をはっきりさせたいと思います。

まず、ロシアによるウクライナ侵攻は重大な戦争犯罪です。今回の侵攻に比肩するのは、一九三九年九月に起きたヒトラーとスターリンによるポーランド侵攻と、二〇〇三年三月のアメリカによるイラク侵攻の二つくらいです。攻撃に至った経緯を突き止めようとするのは妥当ですが、そこにはいかなる言い訳も入り込む余地はありません。

それでは、質問にお答えしましょう。まずプーチンの考えについて、巷には自信に満ちた言説があふれています。たとえば、彼は偏執症的な妄想にとらわれていて、決断も独断専行、周囲にはイエスマンだけ、というのがよくある説明です。ところで、イエスマンはアメリカにもいますね。フロリダの「マー・ア・ラゴ（トランプ前アメリカ大統領の別荘がある）詣で」に行ってはトランプへの恭順を示そうとする、一部の共和党議員がそうです。

プーチンにいっせいに向けられた非難の嵐は、それぞれ一理あると思います。しかし、他の可能性がまったくないわけではありません。

もしかしたらプーチンは、自分と彼の仲間が何年も前から主張してきたことを、実行しているだけなのかもしれません。たとえば、「プーチンが要求しているのはNATOがこれ以上、加盟国を増やさないこと、とくにウクライナとジョージアの非加盟の確約だ。冷戦終結後、NATO側がロシアの要求どおり東方への拡大をせず、欧州の安全保障機構をロシアと協調して作り上げていたら、現在の危機は起こらなかっただろう」という意見があります。

これは、アメリカ人外交官で数少ないロシア通のジャック・マトロック元駐ソ大使が今回の侵攻直前に書いた言葉です。彼は今回の危機を「常識的な判断さえあれば、解決はさほど困難ではない」と結論づけ、さらにこう書いています。

「常識的な基準がどんなものであれ、軍事衝突ではなく、平和の促進こそがアメリカの利益となる。ウクライナをロシアの影響から切り離そうという試みは、（二〇〇〇年代以降、中東や東欧で連鎖した）〝色の革命〟を推奨した人たちが公然と掲げたような目標と同じで、かえって危険な行為だ。私たちはキューバ危機の教訓をもう忘れてしまったのだろうか？」

このような見方をするのは、マトロックだけではありません。CIA長官のウィリアム・バーンズは回顧録で、ほぼ同じ主張を書いています。彼もまた数少ない本物のロシア専門家のひとりです。冷戦時にアメリカの外交政策を主導したジョージ・ケナンの主張はこれよりさらに強硬でしたが、それは後に広く引用されました。

ウィリアム・ペリー元国防長官もケナンを支持していました。外交畑以外の人、たとえば著名な国際関係学者ジョン・ミアシャイマーのような高名な学者も大勢がケナンの主張に賛同しました。

明白な証拠もあります。ウィキリークスが公開したアメリカ政府の内部文書によれば、ジョージ・W・ブッシュがNATOへの加盟を望むウクライナを無鉄砲にも支持したとき、ロシアは間髪容れずに「軍事的な脅威の拡大は容認できない」とやり返しました。当然の反応です。

ちなみに「クレムリン路線」への懐疑が不充分とみなされると、たちまち「あいつは左翼だ」と攻撃されます。しかし、そうした人たちが持つ「左翼」の概念がそもそもおかしいという点にも注意したほうがよいかもしれません。

正直なところ、どのように侵攻が決まったのか、プーチンの独断なのか、それともロシア連邦安全保障会議の合意によるものなのかすら、わかっていません。それでも「これだけはわかっている」とかなりの確信を持って言えることがあります。

それがいま挙げたような、政界の上位にいる人たちによってある程度は検証された記録です。ようするに今回の危機は、二五年前から始まっていたのです。ロシアの安全保障上の懸念のなかでも特に越えてはならないレッドラインだと彼らが明言したことを、アメリカが平然と踏みにじった。それがジョージアとウクライナでした。

ベトナム戦争の教訓

今回の惨事はぎりぎりのところで回避できたかもしれない——そう信じるに足る理由は充分あります。

プーチンが犯罪的な侵略を開始した理由について、それぞれ好き勝手に推測する余地はあるでしょう。しかし侵攻に至った直接の背景は明白です。戦争に苦しむ人にしてみれば、それを回避できなかった理由を問うなど、容認できない贅沢でしょう。それはよくわかりますが、考えとしては誤りです。

もし私たちがこの悲劇と向き合って犠牲者を救いたいのであれば、あるいはこの先に待ち受ける、さらなる大惨事を回避したいのであれば、何が悪かったのか、どうすれば軌道修正できたのかを可能な限り学習するのが賢明であり、そうする必要があります。

こういうときはたいてい、遠い昔に学んだ教訓が頭に浮かびます。一九六〇年代の後半、私はヨーロッパで南ベトナム解放民族戦線（元記事註：アメリカで当時「ベトコン」と呼ばれていた）の代表者数人との協議に参加したことがあります。ちょうど、米軍がインドシナで手を染めた恐ろしい犯罪に対し、すさまじい反対運動が巻き起こった時期です。

激しく怒った若者の一部は、大通りに面した建物の窓を割ったり、予備役将校訓練課程（ROTC）センターを爆破したりしました。そうしない者は、悪の片棒を担いでいるといわんばかりでした。

しかし、ベトナム人の対応はまったく違っていました。彼らはこうした手段すべてに強硬に異を唱え、じつに効果的な抗議の方法を示しました。自分たちの国で殺されたアメリカ兵を埋葬し、その墓の前でベトナム人の女性数人が黙禱を捧げたのです。彼らは、ベトナム反戦を訴えるアメリカ人がこだわる正義や名誉には関心がありませんでした。ただ、生き延びたいと願っていたのです。

これは、グローバルサウス（南半球の発展途上国）で恐ろしい苦難の犠牲になった人たちから異口同音に、何度も聞かされた教訓です。彼らは帝国主義の暴力に虐げられた人たちです。私たちはいまこそ彼らの教訓を心にしっかりと刻み、応用しなければなりません。

つまり「今回の悲劇はなぜ起こったのか、それを回避するためには何ができたのか」と自問するのです。そうすれば次にやってくる危機に、その教訓を生かすことができます。

これは深い問いかけです。今回の侵攻はきわめて重大な問題であり、いまはじっくりと検討する余裕もありませんが、私たちは過去と同じ轍を踏んでいると気づかなければなりません。

正義だから勝つわけではない

現実であれ想像上であれ、危機に対する反応は相変わらずオリーブの枝ではなく、六連装式の拳銃を手にとることです。反射的な反応と言ってもいいくらいです。

割りを食うのは決まって騒乱に巻き込まれる人たちです。だから、行為の有無の結果について一、二歩先んじて理解しようとする姿勢はいつでも意味があるのです。わかりきったことを言っていると思うかもしれませんが、こうした教訓は正義感に駆られた激情に火がつけば、たちまち見向きもされなくなります。

だから何度も何度も、しつこいくらいに言い続けなければなりません。

侵攻が始まったいま、残された選択肢は限られています。いちばんましな方法は、数日前までなら実現していたかもしれない内容からさほどかけ離れていない停戦合意に望みをかけて、まだ残されている外交的な解決策を選ぶことです。

たとえば、オーストリアのようにウクライナを永世中立化することや、ミンスク２（二〇一五年に締結された東部ウクライナ紛争の停戦合意）のような連邦形成の合意です。しかしいまとなっては、合意の見込みさえほとんどありません。

もちろん合意するからには、プーチンにも「逃げ道」を用意しなければなりません。そうしなければ、ウクライナ国民はおろか、全世界にとって、おそらく想像を絶する悲劇が起きるでしょう。

プーチンに逃げ道を与えるなんて、正義とかけ離れているという批判もあるでしょう。しかし国際問題で正義が勝利を収めたことがあったでしょうか？　悲しい過去の記録を再び振り返らなければならないのでしょうか？

私たちに残されているのは、好むと好まざるとにかかわらず、「不愉快な選択」しかありません。すなわち侵略者プーチンには「罰」ではなく、「手土産」を与えるのです。

さもなくば、終末戦争が起きる可能性が高まります。窮地に追い込まれたクマが、断末魔の叫びを上げるのを眺めるのは、さぞ溜飲が下がるでしょう。しかし賢明な選択とは言えません。

一方で、冷酷な侵略者から祖国を守ろうと果敢に戦っている人たち、恐怖から逃れている人たち、そして大きな危険を冒して国家の犯罪に公然と反対している何千もの勇気あるロシア人に対して、意義のある支援をすべきです。これは私たち皆が学ぶべき教訓です。

さらに、私たちはもっと広い範疇における犠牲者、すなわち地球上に生きるすべての生命を助ける方法を見出す努力もしなければなりません。

今回の惨事は、すべての大国が、いや私たち全員が、環境破壊という大災害をコントロールすべく、相互に協力しなければならないときに起こりました。この災いはすでに深刻な損失をもたらしており、大規模な対策に早急に取り組まないと、いまよりもっとひどい災害が起こるでしょう。

「気候変動に関する政府間パネル（IPCC）」は不吉な最新結果を公表し、この明白な事実を裏付けました。それを見れば、私たちが破局に近づいていることがよくわかります。

にもかかわらず、そのために必要な行動は遅々として進まず、逆行さえしています。もっとも必要とされるリソースはすべて破壊へと振り向けられ、世界はいま、化石燃料の使用を拡大する方向に進んでいます。豊富な埋蔵量ゆえに、もっとも手に入れやすくて危険な石炭も例外ではありません。

ここまでグロテスクで危機的な状況は、よほど邪悪な悪魔でさえ、ちょっと考えつかないのではないでしょうか。とはいえ、何もしないわけにはいきません。一刻の猶予もないのです。

アメリカも国際法を踏みにじった

――ロシアのウクライナ侵攻は、武力による威嚇または行使を禁じた国連憲章二条四項に明確に違反する行為です。ところが、プーチンは侵攻初日の二月二四日におこなった国民向けの演説で、ウクライナ侵攻に法的な正当性を与えようとしました。

ロシアは、アメリカとその同盟国が国際法を繰り返し違反してきた証拠としてコソボ、イラク、リビア、シリアの事例を挙げています。プーチンによるウクライナ侵攻の法的な正当性について、そして冷戦後の国際法の地位についてはどうお考えでしょうか？

チョムスキー　最初の質問については、何も言うことはありません。プーチンが侵略に法的な正当性を与えようとしたところで、意味はありません。

もちろん、アメリカとその同盟国が国際法を平然と破っていることは事実ですが、だからといってプーチンの犯した罪が軽くなるわけではありません。とはいえコソボ、イラク、リビアの事例と、今回のウクライナ紛争とのあいだには直接の関連があります。

米軍のイラク侵攻は、ナチスがニュルンベルクで絞首刑になった戦争犯罪と同じで、まったく一方的な侵略でした。そして、ロシアの顔面に一発パンチをお見舞いしたのです。

コソボ紛争はＮＡＴＯ、つまりはアメリカによる侵攻で、このときは南アフリカの法律家リチャード・ゴールドストーンを議長とする独立国際委員会などが「違法だが正当な攻撃」と判断しました。

　空爆によって、進行中だった残虐行為を終わらせたという理由から正当化されたのですが、それは時代に逆行する決定でした。侵攻がおびただしい残虐行為をもたらしたとする証拠のほうが、圧倒的に多かったからです。

　これは予測可能な悲劇であり、実際に予測もされていました。もっと言えば、交渉の余地は残っていたのに、いつものように暴力が優先され、外交的な選択は無視されたのです。

　当時のアメリカ政府高官も、（コソボ紛争において）親ロシアのセルビアを空爆したせいで、冷戦後のヨーロッパの安全保障のためにアメリカと落としどころを探っていたロシアの努力がひっくり返されたと認めています。空爆は、セルビア側に事前連絡されずおこなわれました。

　この逆行はイラク侵攻と、リビア空爆でさらに勢いがつきました。リビアについては、国連安保理決議に対して拒否権を発動しないと、ロシア側の同意をとりつけたにもかかわらず、ＮＡＴＯはあっさり反故《ほご》にしたのです（人命保護のために手段を尽くすという安保理決議を錦の御旗に、ＮＡＴＯ軍が空爆を開始。ロシアは空爆が安保理決議を逸脱していると非難）。

起きたことには必ず結果が伴いますが、ドクトリン（政策）によってその事実が覆い隠されてしまうことがあります。

冷戦後の国際法の位置づけは、まったく変わりませんでした。クリントン大統領は、アメリカが国際法を遵守する意思がないとはっきり表明しました。

彼は自身のドクトリンで「主要な市場、エネルギー供給分野、戦略的資源への無制限のアクセスを確保する」といった重大利益を守るためなら、一方的に軍事力を行使することを含め、アメリカには「一方的に行動する権利」があると宣言したのです。彼の後継者も同じです。いずれも法を踏みにじって平気でいられる人たちばかりでした。

だからといって、国際法には価値がないと言っているのではありません。国際法が適用可能な範囲というものは、やはりあります。ある面においてはすぐれた基準なのです。

この戦いに勝者はいない

——ロシアのウクライナ侵攻の目的は、ゼレンスキー政権を倒して親ロシア政権を樹立することにあるようです。しかし、どのような展開になっても、ワシントンの地政学的ゲームの駒になると決めたウクライナの前途には茨の道が待ち受けているでしょう。

この点に関して、経済制裁がウクライナに対するロシアの態度を変える可能性はどれぐらいあるでしょうか？　また、ロシアへの経済制裁の狙いはもっと大きいところ、たとえばロシア国内でのプーチンの求心力の低下やキューバ、ベネズエラとの関係、さらには中国そのものの弱体化にあるのでしょうか？

チョムスキー　ウクライナは最も賢明な選択をしたわけではないかもしれませんが、そもそも用意されている選択肢がありませんでした。経済制裁を受けたロシアは、中国への依存度を高めるのではないかと思います。

よほどのことがない限り、ロシアは依然として化石資源頼みの「泥棒政治国家（支配階級が富を横領して私腹を肥やしている国家）」です。ロシア側の打つ手がなくなるのか、西側が終わりを迎えるのか。ロシアの金融システムが、経済制裁を含む痛烈な打撃に耐えられるかどうかはわかりません。だからこそ、どんなに不愉快であっても、ロシア側に逃げ道を用意する必要があります。

――西側では政府、イギリス労働党を含む主要野党、そしてマスメディアがこぞって熱烈な反ロシア・キャンペーンを展開しています。その対象はロシアの新興財閥オリガルヒのみならずミュージシャン、指揮者、歌手、さらにはチェルシーFCのオーナー、ロマン・アブラモビッチにまで至り、音楽コンテストの「ユーロビジョン・ソング・コンテスト」はロシアを締め出しました。

これは、アメリカによるイラク侵攻のときのマスメディアと国際社会の反応と同じですよね。

チョムスキー　皮肉な論評ですが、ごもっともです。ここでもまた、私たちは昔ながらの手垢にまみれた手法に甘んじたのです。

――今回のウクライナ侵攻により、西側諸国とロシア、もしくはロシアと同盟関係にある中国との長きにわたる戦いが始まったのでしょうか？

チョムスキー　誰の上にその灰が落ちるかわからない――これはメタファー（隠喩）ではなく、文字どおりそうなるかもしれません。中国は、現時点では冷静に振る舞っています。ライバルの潰し合いを横目に見ながら、世界の大部分を経済的に統合する「一帯一路構想」を着実に拡張しているのかもしれません。つい最近も、この構想にアルゼンチンを引き入れました。

先に述べたように、アメリカとロシアが衝突すれば、それは人類への死刑宣告となります。この戦いに勝者はいません。私たちはいま、人類史上の重大な岐路に立っています。これは否定も、無視もできない事実です。

〈世界のコラム〉

「世界の軍需企業」はウクライナ戦争でこれほど莫大な富を得ている（「カンバセーション」より）

photo:AFP=時事

ウクライナ侵攻により、人命や生活、故郷、自由などあらゆるものが奪われている。例外はただひとつ、戦争を支える武器をつくる軍需企業である。各国の軍需企業の実態を、英エセックス大学の経営学教授ピーター・ブルームが綴る。

Peter Bloom:［Ukraine: the world's defence giants are quietly making billions from the war］The Conversation 2022/03/09
COURRIER JAPON 2022/03/23

軍需企業の株価が急上昇

ロシアのウクライナ侵攻は、その不当な攻撃ゆえに広く非難されている。ロシア帝国の復活、そして新たな世界大戦に対して恐怖を覚えることは当然だ。

一方、あまり話題にされていないことがある。軍需産業がおよそ五〇〇〇億ドル（約五九兆円）の武器を両陣営に供給し、かなりの利益を得ようとしているのだ。

この戦争における防衛支出は既に膨大なものとなっている。EUは四億五〇〇〇万ユーロ（約五八五億円。一ユーロ＝一三〇円で計算。以下同）の武器を購入し、ウクライナに輸送した。アメリカは九〇トン以上の軍需品と、昨年だけでも六億五〇〇〇万ドル（約七六七億円）の援助をしたことに加え、さらに三億五〇〇〇万ドル（約四一三億円）の軍事支援を約束した。

まとめると、現時点（原記事掲載時の二〇二二年三月九日）で、アメリカとNATOは一万七〇〇〇発の対戦車兵器と、二〇〇〇発の防空ミサイル「スティンガー」を供給している。イギリス、オーストラリア、トルコ、カナダを含め、世界的な国家連合もまた、ウクライナのレジスタンスに積極的に武器を供給している。これが世界最大級の防衛関連企業に、多大な貢献をしているのだ。

レイセオン・テクノロジーズ社はスティンガー・ミサイルを製造し、さらにロッキード・マーティン社と共同でジャベリン対戦車ミサイルを製造した。これらはリトアニアやエストニアのような国に供給されている。

Ｓ＆Ｐ５００指数が一％下がったときでさえ、レイセオン社とロッキード社のシェアは約一六％上昇し、ウクライナ侵攻以来、それぞれ三％上昇しているのだ。

また、イギリスとヨーロッパで最大の防衛関連企業、ＢＡＥシステムズ社は二六％上昇した。売上高世界トップ５の防衛関連企業のうちでは、主に航空路線への影響が原因で、ボーイング社のシェアだけが下落している。

戦争で儲かる国がある

西側諸国のトップ兵器企業は戦争に先駆け、利益が増大しそうであることを投資家たちに報告していた。アメリカの巨大防衛関連企業、レイセオン社の最高経営責任者であるグレゴリー・Ｊ・ハイエスは、一月二五日、以下のように業績発表を行っている。

「先週ＵＡＥ（アラブ首長国連邦）で起きたドローン攻撃に注目する必要がある……そしてもちろん、東ヨーロッパの緊張、南シナ海の緊張、こういったことはすべて、現地における軍事費のいくらかを圧迫している。そこから利益を獲得できるであろうことを、我々は最大限に期待している」

その当時でさえ、世界的な防衛産業は、二〇二二年に七%成長することが予想されていた。アメリカの防衛コンサルタント会社、エアロ・ダイナミック・アドヴァイザリー社の最高経営責任者であるリチャード・アブラフィアが言うように、投資家にとって最大のリスクは「すべてがロシアの砂上の楼閣であると明らかになり、脅威が消滅することである」。

そのようなことが起こらなかったため、防衛関連企業はいくつかの方法で利益をあげている。交戦中の国に直接武器を売りつけるだけではなく、ウクライナに武器を供与している他の国に武器を供給しているのだ。軍事費の増強を宣言しているドイツやデンマークといった国からの追加要請もあるだろう。

この産業の〝世界のリーダー〟はアメリカであり、二〇一六年から二〇二〇年にかけて兵器輸出の三七%を占めている。次がロシアで二〇%、フランスが八%、ドイツ六%、中国五%と続く。

だが武器輸出トップ5のこれらの国以上に、この戦争で利益を得る可能性がある国がいくつかある。トルコはロシアの警告に逆らい、ハイテク・ドローンなどの武器をウクライナに供給することを宣言した。ハイテク・ドローンはトルコの防衛産業に大きく寄与しており、世界市場の一%ほどを供給している。

世界中のセールスの約三%を占めるイスラエルでは、現地の新聞が「ロシアの侵攻の最初の勝者は、イスラエルの防衛産業である」と称えた。

ロシアに関して言えば、二〇一四年に遡る西側諸国の制裁への対応として、自前の軍需産業を打ち立てている。ロシア政府は巨大な輸入代替計画を作成し、国外の兵器と軍事知識への依存度を縮小し、さらには国外への武器輸出を増大させようとしているのだ。

世界第二位の武器輸出国として、ロシアは世界中の顧客をターゲットにしている。同国の武器輸出は二〇一六年から二〇二〇年の間に（二〇一一年から二〇一五年に比べて）二二%下落した。だがその主な原因は、インドへの輸出が五三%減少したことだ。時を同じくして、中国、アルジェリア、エジプトといった国への輸出は劇的に強化されている。

アメリカ合衆国議会予算報告書によると、「ロシアの兵器は高価ではないだろうし、西側諸国の兵器システムと比べると操作やメンテナンスが簡単だ」という。ロシアの最大の兵器企業はミサイル製造のアルマズ‐アンテイ社（売上高六六億ドル、約七八〇〇億円）、ユナイテッド・エアクラフト社（四六億ドル、約五四〇〇億円）、ユナイテッド・シップビルディング社（四五億ドル、約五三〇〇億円）などだ。

「人殺し」に依存した経済

プーチンの帝国主義に直面して、成し遂げられることには限界がある。ロシアからの長年の脅威に直面しているウクライナが、武装解除するという可能性はほとんど見出せない。

しかし、状況を沈静化する努力はいくつかなされてきた。たとえばＮＡＴＯは、飛行禁止区域を設けるようにというウクライナ大統領ウォロディミル・ゼレンスキーの要求を、公然と拒絶した（飛行禁止区域を設定すると、監視に当たるＮＡＴＯ軍と区域内に入ったロシア機が交戦し、全面戦争になるとの懸念がある）。

だが、これらの努力が、兵器レベルを向上させようとする双方の巨大な経済的特権によって蝕まれている。

西側諸国とロシアが共有しているのは、大規模な軍産複合体だ。どちらの陣営も巨大兵器関連企業に依存し、その影響を受ける可能性がある。あるいは実際すでに、影響下にある。こうした影響力の強さはドローンや、洗練されたＡＩ制御の自動兵器システムにいたるまで、新たなハイテク攻撃能力によって推進されるのだ。

最終的なゴールが事態の沈静化と持続可能な平和なら、「軍隊による攻撃」に依存した経済基盤を真剣に批判していく必要があるだろう。

ロシアの兵器産業が原材料の入手をしづらくなり、軍備に再投資するために外国へ商品を売ることがより難しい状況にすることで、アメリカは直接的な制裁を加えるとした。ジョー・バイデン大統領によるこの声明を、私は歓迎している。

そうは言っても、これは西側諸国の防衛関連企業に商機をもたらすだけかもしれない。それによって、アメリカとヨーロッパの企業に一時的な真空地帯が残され、今後の競争がかなり優位になる。その結果、世界的な兵器開発競争が拡大し、新たな戦争に備えた大きなビジネス上の特権が創出されることもありうる。

この戦争の余波として、私たちは軍需産業の権力と影響力を制限する方法を探求するべきだ。それには、特定の武器の販売を制限する国際的な同意や、防衛産業を縮小しようとする国への国際的な支援、軍備費を増強させようとロビー活動をしている軍需企業に制裁を加えることなどが含まれる。より根本的には、さらなる軍事力の展開に対抗する運動が含まれるだろう。

もちろん、簡単な答えなどない。一夜のうちに達成できることでもない。しかし儲かる経済産業としての「兵器の製造と販売」をできるだけ多く廃止しなければ、永続的な平和が訪れることはない——私たちはこの事実を、国際社会の一員として認識することが必要だ。

第二章　プーチンとは何者なのか

ミシェル・エルチャニノフ

「世界はプーチンの核の脅しを真剣に受け取ったほうがいい」

photo:Stephane Grangier - Corbis/Getty Images

プーチン大統領は正気を失ったのではないか——あまりに不合理な決断にそう考える専門家もいる。ロシア思想を専門とするフランスの哲学者、ミシェル・エルチャニノフに、仏紙「ロブス」が見解を聞いた。

Michel Eltchaninoff: [Poutine croit intimement á la supériorité de l'homme russe] L'obs 2022/03/03
COURRIER JAPON 2022/03/16

Michel Eltchaninoff
1969年、フランス生まれ。哲学者、ジャーナリスト。教員資格を取得後、モスクワでのフランス大使館勤務も経験。ソルボンヌ大学などで教鞭を執った後、哲学誌の編集長を務める。2015年に『ウラジーミル・プーチンの頭のなか』（未邦訳）でドゥー・モンド・レヴュー賞を受賞。ロシアで投獄されたウクライナ人映画監督の釈放運動を展開したこともある。

ミシェル・エルチャニノフは二〇一五年の著書『ウラジーミル・プーチンの頭のなか』で、いま地球を最も不安にしている男の根底をなすイデオロギーと、その心の原動力を考察したことがある。
最新著の『レーニンは月を歩いた』(二〇二二年、未邦訳)のテーマも、プーチンが影響を受けたとされるソ連時代の疑似科学的な思想潮流だ。現在のプーチンの頭のなかを知るのに、もっとも適した論客と言える。

プーチンの思想は二〇年前のまま

──プーチンは正気を失っているのではないか。一部ではそんなことも言われていますが、『ウラジーミル・プーチンの頭のなか』という本の著者としてはどうお考えですか。

エルチャニノフ　私はプーチンの演説を読んで彼の世界観に迫るということをもう何年も続けてきました。演説以外は、どれも憶測の域を出ません。彼の心中で何が起きているのか。本当のところを知る人はどこにもいません。ただ、二月の下旬頃からプーチンは、たった一人だけで権力を行使する自分の姿を見せるようになっています。

二月二一日の月曜日にはロシア安全保障会議の様子がテレビで放送され、ウクライナ東部ドンバス地方の分離独立派の「共和国」がロシアに承認されることになりました。あのときプーチンは公衆の面前でロシアの超重要人物数名に恥をかかせるという、目を疑うようなことをしています。これまで目にしたことがない、権力に酔った姿が出た瞬間でした。

とはいえ、プーチンはもともと高圧的でした。大臣や企業の経営者にお説教する姿が放送されることもしばしばありましたからね。ロシアの政治や政策を研究する人たちは長年、ロシアという国家の頂点ではどんな風に決定が下されるのだろうかと、いろいろ思案を巡らせてきたわけです。あの月曜日、ロシアの大統領によってそれが世界全体に示されました。――その出来事の後に信じられないくらい暴力的な演説が一時間ほどあり、驚かされました。これはプーチンにとって転換点だったのですか。

エルチャニノフ　プーチンは今年の秋で七〇歳です。権力掌握から二二年が経ちます。二〇一四年のクリミア併合後のナショナリズムの高揚はほぼ冷めたといってよく、支持率もゆるやかに低下しています。ナショナリズムに訴え、ロシアが脅かされていると言い、もう一度、自分の政治力を強化したかったのは確かです。

ただ、ここで押さえておくべきポイントは、彼のいまの言動が内容としてはまったく新しくないことです。

二〇一六年の時点でウクライナが独立国家として存在することの正当性は認められないと言っていました。二〇一四年、クリミア併合直後にドンバス地方で戦争を始めたときも、ロシアが生き残るには隣国を攻撃するしか選択肢はないと言っていたのです。

今回、プーチンは自分の信念のすべてをかき集めて一つにまとめ、誇大妄想に近い彼のロシア史観を劇的に提示しました。西側諸国の狙いは、世界最大の国ロシアを弱体化させ、「隅に追いやり」、分断し、解体することだという見方です。

私はそこに不安を最も強く感じます。プーチンの言葉がどんどん閉じこもったものになっており、彼の内側の論理では一貫していても、複雑な実世界との接点がなくなっているのです。プーチンは二〇年間、このイデオロギーをずっと語ってきました。それなのに、フランスをはじめとした世界各国の指導者がそれに目をつむって、ウラジーミル・プーチンを支持してきたことには衝撃を受けます。

今回のウクライナ侵攻は予見できたことなのです。ロシアは西側世界から孤立する自殺同然のことはしないと言う人も多かったですが、プーチン大統領は自分が首尾一貫していると見られることを好むのです。だからＮＡＴＯに最後通牒を突き付け、民主主義国ウクライナの独立の権利を否定し、それを実行に移していったわけです。

ＫＧＢ礼賛

――ウクライナ侵攻は乱心の末の決定なのか、それとも首尾一貫した考えがあってのことなのですか。

エルチャニノフ　たとえ首尾一貫した考えがあったとしても、不幸なことに現実との接点がなくなっている場合、必ずしも正気を保てているとは言い切れません。プーチンは固有名詞や文献を出しながら演説を組み立てるのを好みます。そうやってコツコツとイデオロギーのパッチワークを築き上げてきたのです。矛盾する部分もときどきはありますが、一貫しているのは、西側を軽蔑し、戦争を擁護する姿勢です。

プーチンのイデオロギーにはいくつかの柱がありますが、第一の柱は、少年時代と教育を通して、ソ連は偉大だという信念に貫かれていることです。第二次世界大戦でナチスを打ち負かしたソ連の愛国心を誇りにし、自軍の兵士には、自分を犠牲にする覚悟と勇気を鼓舞しています。

自分を育てたKGB（ソ連国家保安委員会）への礼賛も目立ちます。プーチンにとってKGBとは、圧政を敷くための機関ではなく、体制を指導する最良の幹部を輩出する学校なのです。そのほかにもプーチンにはソ連的な信念があり、ロシアはソ連を引き継いだ大国なのだから、大国しか相手にしてはならないという考えがあります。だから「小国」を見下し、とりわけ旧ソ連の共和国を属国とみなすのです。

プーチンの世界観を支える第二の柱は「ロシアには進むべき独自の道」があり、世界史において果たすべき独自の役割があるという思想です。ロシアには独自の発展への道、独自の運命があり、西側諸国や形式民主主義に隷従《れいじゅう》せず、宗教的な価値観にもとづく道を切り拓いていくという考え方をするのです。

イヴァン・イリインという二〇世紀の哲学者がいます。哲学者としては二流なのですが、映画監督のニキータ・ミハルコフが言及して人気が出た哲学者です。このイリインという哲学者が書いた『我らの課題』（一九五六年、未邦訳）が、プーチンの枕頭《ちんとう》の書の一冊になっています。

このイリインという哲学者は、レーニンによってロシアから追放されています。しかし彼は、共産主義がいずれ崩壊せざるをえなくなるとき、世界各国がロシアの解体や弱体化を狙い、内戦を勃発させたり、分離独立活動を支援したり、ウクライナを西側諸国の属国にしようとしたりするだろうと言っています。それを阻止するには、ロシアがカリスマ指導者に導かれ、その指導者が非常に長い期間、権力を掌握しなければならないと語っているのです。

最後に第三の柱ともいえるのが、プーチンがときどき言及するユーラシア主義です。これは一九二〇年代に現れた思想であり、ロシアを独自の大陸だと考えるところが特徴です。ロシアという大陸はアジアでもあればヨーロッパでもあり、イスラム教でもあればロシア正教でもあり、地上世界のある種の中心だという考え方です。

ロシアと中国の接近は、このイデオロギーで正当化されましたし、中央アジア諸国とヨーロッパ諸国を統合するユーラシア連合の構想もこのイデオロギーによって正当化されています。プーチンにとってウクライナはこのユーラシア連合の一部でなければならなかったのです。

信念の土台は「疑似科学」

——プーチンはこれから何をするのか。いま話していただいた思想から予想できることは何かありますか。

エルチャニノフ　プーチン大統領のイデオロギーはほとんど万華鏡のようなのですが、二〇一三年からそこに保守主義も加わっています。プーチンの見たところでは、ヨーロッパは錯乱の道を歩んでいます。その「道」とはポリティカル・コレクトネスの道、ジェンダー理論の道、リベラルで開放的な道のことです。

プーチンにしてみれば、家族は異性愛にもとづかなければなりませんし、倫理に宗教は欠かせません。ウラジーミル・プーチンはロシアを世界における反近代的な保守主義の拠点にしたいのです。この点に関してプーチンは、はっきりと一九世紀の哲学者コンスタンティン・レオンチェフの名前を出しています。この人は「ロシアのニーチェ」と呼ばれる哲学者であり、その持論は、ヨーロッパがルネッサンス以降、没落期に入ったというものです。

プーチン大統領は、ウクライナ侵攻によってヨーロッパが弱いことを自国民や世界に対して示したかったのです。実際、彼はヨーロッパのポピュリズムの政党や極右政党と関係を築いたり、「情報」をロシア側の見方から提供するメディアをヨーロッパに進出させたり、選挙に介入したりするなど、民主主義国の不安定化に取り組んできました。今回もウクライナ人の難民を大量にヨーロッパに流入させ、戦争で物価が上昇したときに社会的トラブルが発生しやすくなるようにしています。

彼の戦略はヨーロッパを分断し、その力をさらに弱めることなのです。ロシアは制裁に慣れていますが、それだけでなくプーチンは、ロシアの人間は優れていると心の底から信じているのです。

――その信念はいったいどこから来ているのですか。

エルチャニノフ　その信念の大部分はロシアの民族学者レフ・グミリョフが考案した「パッシオネールノスチ（激情）」という疑似科学の理論に土台があります。プーチンは最近もグミリョフを引用していますが、この理論は、それぞれの民族には暮らす土地の風土に合わせて、その民族を活性化させる固有のエネルギーがあるというものです。そしてこの理論によれば、ロシアの人々はほかの国の人々よりも活力があり、力強いことになっているのです。

プーチンはまた、ロシア宇宙主義というこれまた疑似科学的な一九二〇年代の思想の一部を信じている可能性もあります。ロシア宇宙主義は世間一般にあまり知られていませんが、かなりの影響力を持っている思想です。これは自然科学と神秘主義を結び付けて、死者を蘇らせたり、永遠の生を手に入れたり、宇宙植民構想を実現しようとしたりする思想です。

——こうした理論はナチスのアーリア神話に似たものなのですか。

エルチャニノフ　ロシア国民が優れているという話に、プーチンは細心の注意を払って人種の概念を持ち込まないようにしています。ロシアが代々受け継いできた活力を生み出すのは多種多様な民族が交ざって暮らすところにあるからです。

プーチンにとってロシア的人間とは、まずは理想を追い求める人間です。それから自分の思想のためには死を覚悟している人間です。理想を成し遂げる強い精神の持ち主でもあります。歴史のある瞬間に、そのような価値観とエネルギーを持つ民族が優れた民族だ、というのがプーチンの考えなのです。

プーチンの頭のなかではいま、ロシアが躍進しています。それに対し、アメリカ人は物質主義的で打算的になり、ヨーロッパ人は法律の過度な尊重や、ポリティカル・コレクトネス、不安、弱さなどでがんじがらめになっている。これは彼が演説で繰り返し語っていることです。

NATOに仕掛けた罠

――フランスのエマニュエル・マクロン大統領は対話を呼びかけていますが、プーチンとの対話は成り立つのですか。

エルチャニノフ　エマニュエル・マクロンは二〇一九年八月、南仏のブレガンソン要塞にある大統領の別荘でプーチンとの対話の政策を始めましたが、その成果はゼロです。むしろ、それはプーチンにとって関係諸国と対話をしているというポーズを見せるのに役立ったといえました。

実際にはプーチンは、少なくとも二〇二一年の春に（ウクライナとの国境に）軍の第一陣を送り込んだ時点で、ウクライナ侵攻を企図していたのです。その後二〇二一年七月には、ロシア政府のウェブサイトで、ロシアとウクライナの人々は（ロシア政府のもとで）一体なのだとするプーチンの論文が公開されました。

私たちはもう少し早く、プーチンがＮＡＴＯに突き付けた最後通牒が罠だと気づくべきでした。いまも西側諸国の対応が強くなければ、ウラジーミル・プーチンは支配への道を突き進むはずです。彼は核兵器でヨーロッパを脅かすようなこともしているのです。

――プーチンが核兵器を使うという常軌を逸した決定を下す可能性はありますか。

エルチャニノフ　プーチンは通常兵器での攻撃に対しても、核兵器で応じる覚悟があるとほのめかしています。彼の脅しは真面目に受け取らなければなりません。ただし、脅迫に屈することがあってはなりません。私たちはもはや平和と法のカント的な世界に生きているわけではありません。

私たちがウラジーミル・プーチンの歴史観の論理を深く理解しないかぎり、彼の進撃は続きます。

ウラジーミル・ソローキン

「プーチンはいかにして怪物となったのか」

photo:Barbara Zanon/Getty Images Entertainment/Getty Images

現代ロシアを代表するポストモダン作家のソローキンは、祖国ロシアのプーチン大統領について「あの怪物を倒すために全力を尽くさなければならない」と「南ドイツ新聞」に寄稿した。

Vladimir Sorokin: ［Putin ist geliefert］ Süddeutsche Zeitung 2022/02/26
COURRIER JAPON 2022/03/04

Vladimir Sorokin
1955年、ロシア生まれ。小説家、劇作家。装丁家や画家を経て、1985年に作家デビュー。『青い脂』（河出文庫）、『愛』（国書刊行会）などの著作で、本国ロシアでも注目を集める。2001年にブッカー賞、2010年にゴーリキー賞を受賞。その過激な作風から「現代ロシア文学のモンスター」と呼ばれる。

最初は魅力的に見えた

二〇二二年二月二四日、プーチンが長年、身にまとっていた「賢明な独裁者」の化けの皮が剝がれた。世界はこの日、妄想にとらわれた無慈悲な怪物を見たのだ。

この怪物は絶対的な権力と帝国主義的な攻撃性および敵意に酔い、ソ連崩壊へのルサンチマンと西側の民主主義への憎しみに駆り立てられ、成長してきた。今後ヨーロッパは、これまでのプーチンではなく、新たなプーチンと向き合わなければならない。もはや平和は望めないだろう。

どうしてこのようなことになったのだろうか？

映画『ロード・オブ・ザ・リング』三部作の最後のシーンでは、「中つ国《なかつくに》」の住人たちにたくさんの苦しみをもたらした、呪われた力の指輪を、フロドが灼熱の溶岩に投げ込むはずだったが突然考え直し、その指輪を自分ではめたいと考える。指輪の力でフロドの表情は変わり、怪物と化すことが予見される。力の指輪は今やフロドを支配してしまったというわけだ……。

プーチンが一九九九年に病身のボリス・エリツィンによって王座（大統領代行）に据えられたとき、彼は親しみやすいどころか、魅力的にさえ見え、言っていることもまともに思えた。傲慢さや慢心のない、賢明な役人が権力のピラミッドの頂上に就いたのだと、多くの人は思い込んだ。ソ連なき後のロシアは民主主義の道を歩むしかないと理解している、現代的な人が現れたのだと。

当時はプーチン自身も、インタビューで民主主義について多くを語り、市民たちに対してはロシアの連邦制度の改革、自由な選挙、言論の自由、西側諸国との協力を約束していたのだ。そしてとりわけ、権力の椅子にしがみつくつもりはない、と言明していた。

有名な話だが、ロシアの人びとは常に、国の統治者の評判やその発言を信じたがる。このプーチンという男も、ゴーゴリが『死せる魂』のなかの一節に書いているような、「あらゆる点で好ましい」ように見える人物だった。率直で、相手を理解しようと心がけ、真面目で、しかしユーモアがあり、自嘲的なところさえある。

今日ではプーチンと激しく敵対しているとみなされている政治家、知識人、政治工学者も、当時はプーチンを支持していたし、なかには次の選挙に勝つためとあらばプーチン陣営に所属する人もいて、それでうまくいったのだ。だが、そのときにはもう、運命の指輪はプーチンの指にはまっていた。刻一刻と、プーチンは帝国主義の怪物へと変貌していった。

独裁者の系譜

ロシアでは、歴史的にも現在も、権力構造はピラミッド型になっている。このピラミッドは一六世紀にイヴァン雷帝によって作られた。パラノイア（偏執症）にとりつかれ、悪徳におぼれた、恐ろしいツァーリ（皇帝）だ。

オプリーチニキという親衛隊の力を借りてイヴァンは、権力と民衆、自分の味方とそうでない者の間に血塗られた楔《くさび》を打ち込んだ。ロシアを統制する方法はただ一つ、奪い取り、自分が国の占領者になることだとイヴァンは確信していた。残忍で、民衆には見通すことのできないような権力が必要だった。民衆はその力を崇拝するだけだ。その暗黒のピラミッドの頂点にいる人が、すべての権利と絶対的な権力を持つ。

道理に合わないことかもしれないが、そこから五〇〇年、この権力の原理はロシアでは変わらずに残り続けた。我が国の決定的な悲劇はここにあると、私は考えている。中世のピラミッドは、表面だけは変わったが、構造はそのまま、現代まで保たれたのだ。

その頂点には常に独裁者が君臨していた。ピョートル一世、ニコライ二世、スターリン、ブレジネフ、アンドロポフ……。そしていまは二〇年以上、プーチンがそこに君臨している。かつての約束を反故にし、彼はこの椅子にしっかりとしがみついている。

権力者たちがこのピラミッドによって毒されるのは避けられなかったに違いない。ピラミッドは権力者とその仲間に、古めかしい権力者像を与えた。

あなたたちは国の主人であり、その完全無欠さはあらゆる過酷さを重ねることでしか保てない。あなたたちは厳しく、予測不可能にならなくてはならない。あなたたちにはすべてが許されており、国民を不安にさせ、呆然とさせなければならない。民衆はあなたたちを理解するのではなく、あなたたちを恐れなければならない――そう告げたのだ。

最近の出来事から判断すると、プーチンはロシア帝国を復活させるという考えにすっかり取り憑かれているようだ。

「あの日」に帰りたい

ペレストロイカの絶頂期に権力を握ったエリツィンも残念ながら、中世的なピラミッドには手をつけず、表面を修理しただけだった。古いソ連のコンクリート色をした場所が、西側の商品の看板で飾られてカラフルになっただけだ。

ピラミッドは、強情さ、無作法さ、アルコール依存症など、エリツィンの人格の悪い部分を鮮明にしてしまった。その顔は、粗暴で傲慢な分厚い仮面に変貌した。

自身の支配力を誇示するため、エリツィンはロシア連邦を離反しようとしたチェチェンに対する無意味な戦争を煽った。イヴァン雷帝によって作られた権力のピラミッドは、一時は民主主義者だったエリツィンを刺激し、チェチェンに戦車を派遣し、人々に計り知れない苦しみを与える帝国主義者に変えてしまった。

エリツィンとその取り巻きのペレストロイカの立て役者たちは、この破滅をもたらすピラミッドを取り壊しそびれただけでなく、一九五〇年代にナチズムの亡骸を埋葬した戦後のドイツ人とは異なり、自分たちのソビエトの過去を葬ることもまったくしていない。何百万人もの人間を殺し、国を七〇年分後退させたソ連という怪物の亡骸は、片隅に置き去りにされた。

そこで朽ちていけばよかった。けれどもそれはしぶとく、不滅であることが明らかになった。権力の座に就くやいなや、プーチンも変わり始めたからだ。

自由な報道姿勢を維持していたテレビ局NTVは潰され、テレビ局はプーチンの取り巻きの手に渡り、厳しい検閲制度が確立された。それ以来、プーチンはいかなる批判もされないようになった。

ロシアで最も成功した企業の経営者だったミハイル・ホドルコフスキーは逮捕され、一〇年間投獄された。ホドルコフスキーのユコス社はプーチンの仲間に略奪された。この〝特殊作戦〟で、ほかのオリガルヒを怖がらせることに成功した。一部はロシアを去り、残った者たちはプーチンにひれ伏し、プーチンの「財布」となった者もいた。

ピラミッドは静かに振動し、時間が止まった。巨大な氷の塊が流されるように、この国は過去へと押し戻されていった。まずはソビエト時代に、そしてさらに過去、中世に。

ソビエト連邦の崩壊は二〇世紀最大の惨事だ、とプーチンは言明した。何百万人もの人を死なせたスターリンの赤い車輪に轢かれることを皆が恐れていたこの国において、（ソビエト崩壊は）すべての理性的な人にとって幸福な出来事だったわけだが、プーチンにとってはそうでなかったのだ。

プーチンは、かつて自分がそうだったKGB高官としての考えを、自らの頭から排除しなかった。彼らは、ソ連は進歩した人間の希望であり、西側は敵であり、私たちロシア人を侮辱しようとしていると教え込まれてきた。プーチンはタイムマシンで時間を巻き戻すことで、居心地のよかったソビエトの若者時代に戻れると思い込んでいた。そしてやがて、すべての臣民を一緒に連れ戻そうとしたのだ。

不幸と戦争の奴隷になった

権力のピラミッドが厄介な点の一つは、頂点にいる人間が自分の精神疾患的徴候を国全体に伝染させることだ。イデオロギー的に見れば、プーチニズムとはむしろ折衷的な性質を持っている。ソビエト的なものすべてに対する敬意は封建的な倫理と手を取り合うし、プーチンの手にかかればレーニンは、ツァーリのロシアやロシア正教と結び合わせられる。

プーチンの思想の中核を形作っている哲学者は、イヴァン・イリインだ。君主制主義者で、ナショナリストで、反ユダヤ主義者で、反革命の白色運動のイデオローグだったイリインは、一九二二年にレーニンに追放され、亡命生活のまま生涯を終えた。

ヒトラーがドイツで権力を握ると、イリインはこれを心から歓迎した。ヒトラーが「ドイツをボルシェヴィキから守った」からだ。「私はこの三ヵ月間の出来事をドイツのユダヤ人の観点から評価することを断固拒否する」、「永遠の融和という自由民主主義の催眠術は払いのけられた」とイリインは書いている。

ヒトラーがスラブ人を第二級の人種だと表明したことで、ようやくイリインはヒトラーを悪しき存在とみなして批判し、ゲシュタポ（秘密国家警察）の手に落ちたが、後に（作曲家の）セルゲイ・ラフマニノフの支援で解放された。先に挙げた論文でイリインは、ロシアのボルシェヴィズムが崩壊した暁には、ロシアを立ち直らせてくれる指導者が現れるという期待を表明している。

立ち上がるロシア――これはプーチンやプーチン主義者の好むスローガンだった。「レーニンによって作り出されたウクライナ」という最近の発言にも、イリインの思想が響いている。

実際には、ウクライナを独立させたのはレーニンではなく、レーニンの主導で憲法制定議会が解散した直後の一九一八年一月に、キーウの中央ラーダ（ウクライナ中央議会）が独立を宣言したのだが……。この国家はレーニンの功績によってできたのではなく、せいぜいレーニンが不当な侵略を行ったからできたものだ。

「ボルシェヴィキの支配の後、ロシアの権力が再び反国民的、反国家的になってしまい、外国人に取り入り、国を分権化して愛国心を持たないようにしてしまったら、そして、レーニンが国家の地位を与えてしまった淫らな少ロシア人（ウクライナ人）を認めることなく偉大なロシア人の国家の利益だけに奉仕しないなら、革命が止むことはなく、西側の堕落のもとで滅びていく新たな局面を迎えてしまうだろう」と、イリインは確信していた。

「プーチンのもとでロシアは立ち上がったのだ！」と支持者は好んで言う。しかしある人が冗談で言ったように、よしんばロシアが本当に立ち上がったとしても、すぐに四つん這いになって、腐敗、権威主義、当局の横暴、そして不幸の奴隷になったのである。

そして今は、戦争の奴隷になった、と言い添えることもできよう。

プーチンを肥大化させたのは誰か

この二〇年間で多くのことが起こった。この大統領の顔も、非情さ、恨み、不満を発する硬直した仮面になった。

コミュニケーションの主な手段は嘘だ。小さな嘘から大きな嘘まであるが、小さな言い訳も根本的な嘘も、実に多様な自己暗示で彩られている。ロシア人はこの大統領の嘘のレトリックに慣れきってしまっている。そして残念ながらヨーロッパの人々にもそれは受け入れられている。

クレムリンに飛び、(最近では例の偏執症的に長い机の前で)嘘をたらふく食わされ、嘘にうなずき続け、記者会見では「建設的な対話」などと言って再び飛んで帰る、そんなヨーロッパの国の首脳は一人だけではない。

プーチンのようなリーダーと話すことに何の意味があるだろう? 作家でも芸術家でもないのだから、現実の世界に生きて、自分の言葉ひとつひとつに対して彼らは責任を負うべきだったのに。

旧東ドイツで育ち、プーチンの本質を見抜いていたはずのドイツのメルケル前首相は一六年間にわたって、「対話を続ける」ことを模索していた。その対話の結果が、ジョージアの領土の占領であり、クリミア半島の併合であり、ドネツク人民共和国とルガンスク人民共和国と呼ばれている場所の占領だった。そしていまのこの、ウクライナに対する戦争が起きている。

「平和の調停者」であったアメリカのオバマは、ジョージアに対する戦争とジョージアの領土併合の後、プーチンに対して、新たな関係を構築しようと提案したのだ！　その結果がクリミア半島の併合であり、ウクライナ東部の戦争ではないか。

プーチンの内部の怪物は権力のピラミッドのみによって育てられていたわけではない。まるで皇帝が役人に対してするように、プーチンがときおり自分の食卓から腐敗という名の脂肪の塊を投げてやっていた、お金で意のままになるロシアのエリートだけがあの怪物を育てたわけではない。無責任な西側の政治家、冷笑的なビジネスマン、腐敗したジャーナリストや政治学者によっても、プーチンは肥え太らされたのである。

強くて妥協しない支配者！　みんながそれに熱狂していたではないか！　ウォッカやキャビアのようにわくわくする「ロシアの新しいツァーリ」に。

プーチン主義の没落

近年、私はドイツでプーチンの理解者に何度も遭遇している。タクシーの運転手から、ビジネスマンや大学教授までさまざまだ。一九六八年の学生運動に関わったある人はこう認めた。「あんたたちのプーチンは素敵だよ」。私は「いったい、なぜそう思うんですか？」と尋ねた。

「プーチンは強いし、思ったことをはっきり言う。それに反米だ。ドイツの弱腰とは大違いさ」

「けれども、ロシアは汚職だらけで、選挙や独立した裁判所はないに等しく、野党は消され、地方は悲惨な状態に置かれ、（プーチンの政敵だったボリス・）ネムツォフは殺され、テレビはプロパガンダの道具と化していますよ。それに腹が立たないのですか？」

「別に。それはあんたたちの国内の問題だろう。ロシア人が抗議しないのなら、ロシア人はプーチンを気に入っているということさ」

こうしたロジックは揺るがない。このヨーロッパ人たちは一九三〇年代のドイツの経験から何も学んでいないようだ。

しかし、大多数のヨーロッパ人はそうではないと思う。独裁と民主主義、戦争と平和の区別ができるはずだ。

プーチンは嘘のロジックで、ウクライナへの侵攻を「ウクライナ側の侵略者」に対する「特殊作戦」と呼んでいる。つまり、平和を愛するロシアが「ウクライナの軍事政権」からクリミアを取り上げ、ウクライナ東部で戦争を起こし、今度は国全体を攻撃しているというわけだ。一九三九年にスターリンがフィンランドに対して行ったことと、ほとんど同じである。

プーチンにとっては、その人生のすべてが特殊作戦なのだ。プーチンはＫＧＢという暗黒の団体から、「庶民」に対する侮蔑感情（庶民こそが常にソビエト国家の悪魔的象徴を動かしてきた、という見下し）を受け継いだのみならず、あらゆる秘密警察の基本原則である、決して正直に話してはならないという教えも受け継いだ。すべては秘密にされていなければならない。私生活も、家族も、習慣も。

だが、この戦争でプーチンは一線を越えてしまった。仮面は剥がれ落ちた。ヨーロッパで戦争が始まったのだ。

プーチンは侵略者だ。ヨーロッパは犠牲になり、破壊に苦しむことになる。この戦争に火をつけたのは、絶対的な権力に溺れ、世界地図を塗り替えようと決意した一人の男だ。「特殊作戦」の開始を告げた日のプーチンの演説を聞くと、ウクライナの話よりもアメリカとNATOの話をしている。

NATOに対してプーチンが最近突きつけた「最後通牒」を思い出してみるとよい。プーチンの狙いはウクライナではなく、西側の文明だ。KGBの黒いミルクとともにプーチンは、西側の文明に対する憎しみも吸収したのだ。

誰が悪いのか？　私たちロシア人だ。プーチン政権が倒れるまで、私たちはこの責任を負わなければならない。プーチン政権が崩壊する日は来る。自由なウクライナへの侵攻は終わりの始まりである。

プーチン主義は没落が運命づけられている。なぜなら、自由の敵であり、民主主義の敵だからだ。人類はようやくそれを理解した。プーチンが自由で民主的な国を侵略したのは、その国が自由で民主的であるがゆえだ。

自由と民主主義の世界は、プーチンの暗く不愉快な小屋よりも大きいので、プーチンはもう終わりだ。新しい中世、腐敗、人間の自由の軽視に執心しており、過去そのものなので、プーチンはもう終わりなのだ。

そして、この怪物が絶対に過去のものとなるように、私たちは全力を尽くさねばならない。

キャサリン・メリデール

「プーチンが恐れているもの、それは自身の死と民主主義だ」

photo:David Levenson/Getty Images Entertainment/Getty Images

イギリスの歴史家でロシアの専門家キャサリン・メリデールが、クレムリンの秘密とプーチンの不安について語る。

Catherine Merridale:［Putin fürchtet seinen eigenen Tod—und die Demokratie］Süddeutsche Zeitung 2022/03/05
COURRIER JAPON 2022/03/18

Catherine Merridale
1959年、イギリス生まれ。作家、歴史家。バーミンガム大学で1987年に博士号取得（哲学）。元ロンドン大学教授。ロシア研究家として、『イワンの戦争　赤軍兵士の記録1939―45』『クレムリン　赤い城塞の歴史（上、下）』（ともに白水社）など著書多数。近著に『Lenin on the train（列車に乗ったレーニン）』（2017年、未邦訳）がある。

クレムリンという演出装置

――クレムリンはまさにいま、再び国際的な関心の中心地となっています。あなたが広く注目されることになった著書『クレムリン 赤い城塞の歴史』(二〇一三年)で詳しく解説したこの建物を見るとき、どんなことを考えますか?

メリデール クレムリンとはロシアを体現するものであり、象徴的な建物群、つまり国家権力を代表する場所です。キュスティーヌ侯爵(フランスの外交官。ロシア旅行記を執筆した)はクレムリンを「悪魔的なモニュメント」、および「独裁者たちの小道具」と呼びました。

また、駆け出しの歴史学者として現地で調査研究をしていた頃から、私はこの場所は巨大なまやかし、壮大な劇場だということに気づいていました。そこは、そのときどきの権力者のメッセージを伝えるために、何度も取り壊されては建て直されてきました。一つはっきりさせておかなければならないのは、そこに見えるのは歴史的な建物ではまったくなく、クレムリンが発するメッセージのみです。

――一九八〇年代に、博士論文執筆のためにクレムリンでロシア史を研究したときの、第一印象はどうだったのでしょうか?

メリデール　クレムリンの向かいにあったレーニン図書館（現ロシア国立図書館）に、利用許可証を取りに行ったときのことを、いまでも覚えています。ゴルバチョフ政権初期のモスクワは、歓迎してくれるような雰囲気の都市ではまったくありませんでした。建物はどれも灰色で、無表情でした。モスクワ川のほうに目をやると、金色に輝くドーム（イヴァン大帝の鐘楼）が見えたのです。まるで現実ではないかのようでした。

そして私はレーニン図書館で研究を始め、ソビエト共産党についての資料をすべて読んでいきました。本から顔を上げると、いつもイヴァン大帝の鐘楼が目に飛び込んできました。私は歴史をさかのぼり、まったく違うクレムリンに迷い込んでしまったように感じていました。実際には私は教授たちの閲覧室と呼ばれていたところに座っていました。そこにはいつも、入れ歯を外してすぐに眠り込んでしまうような高齢の人たちが朝早くからたくさん来ていました。暖かい場所でのんびりしていたのですね。

——当時、ゴルバチョフ政権が起こした変化はすでに感じられましたか？

メリデール　私がモスクワに住んでいた頃に、グラスノスチ（情報公開）とペレストロイカがちょうど始まりましたが、それはチョルノービリ（チェルノブイリ）原発事故があった時期でもありました。私の当初の目的は過去のことについての研究でしたが、むしろリアルタイムで歴史を感じられました。

――プーチンがクレムリンのあり方を変えたのでしょうか？ それとも、クレムリンという場所がプーチンを変えたのでしょうか？

メリデール クレムリンのあり方が変えられたのは、プーチンの前任者のボリス・エリツィンの時代です。その頃、大規模な改築と歴史的な建造物の再建も行われました。こうした事業の一部は、エリツィンの腹心だったパーヴェル・ボロジンの指揮のもと、きわめて腐敗した責任者たちによって、とてもいい加減に行われました。

しかし、それでもクレムリンは幻想的で荘厳な場所であり、プーチンはそれをどのように利用するかを心得ています。一九世紀に建設された皇帝時代のクレムリン宮殿は、すべてが西ヨーロッパのものより壮大で、印象的なものとして作られました。人を怖気づかせる建築というわけです。

――そこを最初に訪れる人にとって、この建造物はどのような効果を持つのでしょうか？

メリデール 私は本を書くにあたり、クレムリンを公式訪問しなければならなかった政治家たちに話を聞きました。その人たちはみんな、この宮殿の主に謁見するために、無限に続くかと思われる長い回廊を通って、いろいろな階を移動させられたと回想しています。

階段を上ったり下りたりして、しまいには、自分がどこにいるかわからなくなります。たどり着いた場所では、息も切れていて、さらに暖房が強く効いていて暑い――そんなときに、二重扉が開き、ウラジーミル・プーチンが登場するのです。
クレムリンではすべてがプーチンの思い通りに調整されています。あるイギリスの政治家は、クレムリンのなかを歩き回って暑くなり、ちょうど上着を脱いだところで、大統領が入ってきたと言っていました。もちろん、完璧な服装で。プーチンはこういう瞬間を作り出そうと狙っているのです。

ロシア正教を政治利用

――プーチンは身内にも弱気なところをあまり見せませんね。最近も、ある会合で部下の対外情報局長を叱りつけて、公然と恥をかかせる様子がテレビで見られました。

メリデール　アメとムチのシステムですね。クレムリンでは、壮大な勲章授与の式典がお膳立てされることもあります。

モスクワ市民の大部分はとても狭いアパートに住んでいますが、仕事や学業、スポーツなどで、市民がロシアにとって名誉になる成果を出したときには、クレムリンに招待されます。そこで輝く広間やシャンデリアを生で見たときほど、日常生活とのコントラストが鮮明になることはないでしょう。これこそクレムリンの目的、人を驚かせるということなのです。

――クレムリンの支配者は、外部からのあらゆる影響に対して不信感を高めていくことも多いですね。スターリンについては妄想癖のような特徴が見られました。

メリデール この城壁に囲まれて統治している人は、外にいる人たちのことをほとんど知りません。丘の上から、金ピカのまがい物に囲まれて街を見下ろすことになります。そのような環境にいれば完全に孤立し、すぐに自分を見失ってしまうでしょう。

――プーチンはクレムリンでどれほど変わったのでしょうか？ 大統領に就任したばかりのころは、プーチンは近づきやすく、ときには庶民的という印象さえありました。

メリデール そもそもプーチンがなぜ首相になり、エリツィンの強い要請で二〇〇〇年代初頭に大統領になったか。それはエリツィンの汚職の責任を追及しないと保証したからですよね。当時、プーチン自身はほとんど腐敗していないと考えられていました。柔道と男らしい身ぶりが好きな普通のロシア人。つまり皇帝ではなく、レニングラード（現サンクトペテルブルク）の小さなアパートで育った一人の人間のように見えました。

ところが、絶対的な権力がプーチンを変え、政治の手段として嘘を使うことを厭わなくさせたのです。

――クレムリンは一方では政治権力の中枢ですが、他方ではロシア文化のアイコンでもあります。この二つの側面はどのように折り合っているのでしょうか？

メリデール　この複合的な構造は、クレムリンにその基礎を持つロシア正教会によって統合されています。モンゴル人の侵攻の際に、キエフ（キーウ）大公国の大司教はクレムリンに移るように説得されました。一四世紀にはそこはまだ木造の要塞でしたが、そこに重要な礼拝堂が建設され、のちに生神女就寝《しょうしんじょしゅうしん》大聖堂（ウスペンスキー大聖堂）となりました。ロシア正教会がそこに何世紀にもわたってあり続けることで、クレムリンは神聖な、神に定められた場所となったのです。

プーチンは、皇帝を含めた歴代の国家の長のなかで、誰よりもこの教会とのつながりを自らの目的のために利用した人物です。プーチンは公開の場で礼拝を行ったり、燭台に火を灯したりしますし、総主教との接触を保っています。

コロナが怖くてパニックに

――クレムリンの歴史を描いたあなたの著書では、一九一七年のロシア革命で皇帝が倒されると同時に、正教会の権力も崩壊したという混乱の時代についても語られています。当初はクレムリンを嫌っていたボルシェヴィキが、古い権力の中枢であるクレムリンに戻ろうとしたのはなぜですか？

メリデール　共産主義の指導者たちは完全に新しいクレムリンを作るという計画を立てて

いました。ところが、クレムリンは文化的な象徴であるだけでなく、すばらしい要塞でもあることに気づいたのです。内戦のあいだ、攻撃や暗殺から身を守って、ある程度安全に過ごすためには、従来のクレムリンに入ることが一番楽な方法だったのです。

新型コロナのパンデミックでも、クレムリンが特に感染症から身を守ってくれる場所だったことが改めて明らかになりました。レーニンはここでコレラやチフス、第一次世界大戦後に多くの犠牲者を出したスペイン風邪からも逃れました。レーニンは自室のすぐ隣に、専用の消毒室を設け、訪問者はみんな、ここでまず消毒を受けなければなりませんでした。

プーチンはこの点を多くレーニンに学んでいます。パニックになるほど自分が感染することを不安に思っているからです。

――諜報機関はクレムリンでどのような役割を果たしているのですか?

メリデール 冷戦時代には黒服の男が近くにいない状態で、どこにでも自由に移動するということは不可能でした。クレムリンは常に厳しく監視されている場所です。しかし今日では、その監視の大部分が電子的に行われ、よりスマートで高度になっています。

――今日では完全な監視体制というと、主にスターリン時代を連想します。その頃、当初は党の高官がクレムリンに家族と一緒に住んでいたそうですね。

メリデール 一九二〇年代後半は基本的に、共産主義のエリートで入構許可証を持っていれば、クレムリンのなかは比較的居心地のよい時代でした。当時はほかにも、美容師、料理人、メイド、清掃員など、スターリンの周辺の仲間のスタッフもたくさんいて、モスクワ市内の状況と比べれば贅沢な暮らしをしていました。

一九三四年に（ボリシェビキの幹部だったセルゲイ・）キーロフが暗殺され、スターリンが古くからの仲間をクレムリンから追放し、この時代は終わります。スターリンは自分も暗殺されるのではないかと恐れたのです。見せしめ裁判の時代、大粛清の時代が始まりました。スターリンはもはや誰も信用しなくなりました。おそらく、自分の住居からモスクワ郊外のどこかの別荘をつなぐ秘密の地下通路もあったと思われます。

――二〇一七年にイギリスの風刺映画『スターリンの葬送狂騒曲』が劇場で公開されました。この映画は独裁者スターリンが一九五三年に死んだ後に起こった突拍子もない出来事と後継者をめぐる争いを描いたものです。このようなものを見て笑うことはできますか？

メリデール　映画自体は愉快でした。しかし、スターリン時代の処刑や迫害など、恐ろしい出来事をいろいろと知っていると、その笑いは引っ込みます。九〇年代に私は、当時親戚が銃殺されて集団墓地に埋葬されたという人を訪ね、一緒に墓参りをしました。

もし、いまのプーチンがスターリン時代の犠牲者やチェチェン紛争の犯罪の記憶を忘れないようにするための人権団体や記念式典を禁止しているとしたら、恐ろしいことです。プーチンはスターリンの犯罪の記憶を意図的に矮小化して、自分がロシアの偉大な指導者に続く存在と見られることを好んでいます。

政治家が歴史に則って行動していると主張しているときは、しっかりと注視しなければなりません。なぜならそのとき、その人は悪いことを考えているからです。

――あなたは著書で、冷戦のときに存在した風変わりな「クレムリノロジスト」という一派についても書いています。これは、クレムリンで何が起こっているのか、自分たちだけは完璧に把握していると信じている外交官、ジャーナリスト、自称専門家ですが、その人たちの分析がまったく的外れだったこともよくありました。

メリデール　完全なるシャドーボクシングをしているようなものでしたからね。政治局が本当は何を計画しているかについての情報はほとんど外に漏れませんでした。たとえばブレジネフはとても虚栄心が強く、クレムリンにおける登場の仕方を緻密に計画し、重病になってまでも権力を維持することができましたが、ブレジネフの政治的計画については推測するほかありませんでした。

一方、現在の状況は違います。というのもプーチンは自分が何を考えているか、よく口にするからです。長きにわたって自分の考えを表明してきたものの、欧米の人はそれほど耳を傾けたがらず、真に受けていなかったのです。

ゴルバチョフを軽蔑

――プーチンは以前から、ウクライナは歴史的に見たらロシアの一部で、独立した国ではないと言っていました。プーチンにとって歴史政治学はどれほど重要なのでしょうか？

メリデール　実際、プーチンは歴史に大きな関心を寄せていますが、ロシアとウクライナの歴史に関してはいくつかの断片を利用して、自分に都合のよいように手を加えているだけです。自分の世界観に合わない文脈は無視するだけなので、歴史家には受け入れられないでしょう。

　ところで、現在の状況においては、歴史的な議論はまったく重要ではありません。大事なのはウクライナの自決権であり、ウクライナの人々が何を望んでいるかということです。ウクライナの人々は自由になって、平和に暮らしたいと考えています。

――プーチンが最も尊敬しているロシアの統治者は誰ですか？

メリデール　スターリンと同様、プーチンもイヴァン大帝を尊敬してはいます。しかし誰よりも、絶対的な専制君主だったピョートル大帝を尊敬しています。軽蔑しているのはゴルバチョフです。多くのロシア人と同じように、ソ連崩壊の責任はゴルバチョフにあると考えているからです。

ANNO 2000

講談社+α《プラスアルファ》新書

また最近ではレーニンについて、そもそもウクライナなどというものがでっち上げられたのはレーニンのせいだとけなしていますが、これは馬鹿げた説です。

――プーチンが最も恐れていることは何でしょうか？

メリデール　まず肉体的な衰えと自分自身の死を恐れています。毒を盛られないか、病気にならないか、偏執的なほど心配しています。

もう一つは、民主主義、特にウクライナにおける民主主義を恐れています。民主化運動が最終的にロシアに波及してしまうというのが、プーチンにとっては最悪の事態です。

けれども、プーチンの頭のなかで何が起こっているのかは、誰にもわかりません。いまのところ、私にはプーチンが硬直しているように見えます。プーチンに（アンチエイジングのための）ボトックス注射を打つ役割を担いたいと思う人はまず誰もいないでしょう。何かの拍子で失敗したとき、とても危険なことになりますから。結局のところ、プーチンは歳をとってはいけないのです。シベリアで上半身裸になって馬に乗る男らしい指導者というプロパガンダ写真が出るのもそのためです。

簡単に厄介払いはできない

――これまで計算高い権力者と思われていたプーチンが、明らかに制御不能な戦争を始めたのはどうしてなのでしょうか？
メリデール　それはこのインタビューの最初にお話ししたことの繰り返しになります。つまり、不都合な真実を教えてくれる人もおらず、クレムリンの世界で自身を見失うという危険性ゆえにです。自分を批判する人すべてを排除すれば、自我に囚われてしまいます。取り巻きは聞こえのよいことを繰り返すだけだからです。

他方でプーチンはこれまで、チェチェン政策、クリミア併合、政権の批判者の殺害など、すべてをやり遂げてきました。プーチンは正気を失ってしまったと考える人も多いでしょう。私は医者ではないので、彼が医学的な意味で正気を保てなくなっているのかどうかはわかりませんが、バランス感覚を失い、自分を抑える能力を失ってしまったのだと思います。

——必ずしもベッドで安らかに死ななかったロシアの支配者たちの歴史を、あなたはよくご存じだと思います。ウラジーミル・プーチンが今後どうなり、どのような結末を迎えると考えますか？
メリデール　それはわかりません。いまごろ、プーチンは地下壕でロシア軍の最新の動きを追っているのでしょう。ロシアで一番ガードの堅い人物ですから、残念ながらそんなに簡単には厄介払いできないと思います。

〈世界のコラム〉

ウラジーミル・プーチンという男の思考回路を読む（「ワシントン・ポスト」より）

photo:SPUTNIK/時事通信フォト

ウクライナに侵攻したプーチン大統領の精神状態をいぶかる声もあるが、彼の真の目的や戦術はその著述からうかがい知ることもできる。幼少期からKGB時代のエピソードまでが記されているインタビュー集『プーチン、自らを語る』をもとに、プーチンの頭の中をのぞく。

Carlos Lozada: [How to read Vladimir Putin] The Washington Post 2022/03/03

COURRIER JAPON 2022/03/22

ＫＧＢ時代のプーチンの失望

その瞬間は、ウラジーミル・プーチンの伝説に刻み込まれている。
一九八九年一一月九日、ベルリンの壁が崩壊したときだ。東ドイツのドレスデンに駐在していた四〇歳手前のＫＧＢ将校は、群衆が迫るなか、慌てて書類を焼却処分し、軍事支援を要請した。

しかし、上から降りてきた答えは、「私たちはモスクワの命令がなければ何もできない。モスクワは沈黙している」だった。プーチンは電話でそう言われたと、自身のインタビュー集『プーチン、自らを語る』（二〇〇〇年、扶桑社）で回想している。

彼はその恐ろしい沈黙を振り返り、「そのとき、この国はもう存在しないのだと実感した」と語っている。「もう消えてしまったのだと」。

ベルリンの壁崩壊から二年後、ソビエト連邦も崩壊した。その約一〇年後、プーチンはロシアの最高指導者に上り詰め、復活について語ることになる——。

ソ連の崩壊と、プーチンがその歴史をどう検証したかを紐解くと、彼がなぜウクライナへの残忍な攻撃に乗り出し、ヨーロッパでの紛争やアメリカとの対立という危険を冒しているのかが見えてくる。

彼は二〇年以上前のそのインタビューで、ソ連が崩壊したのは「権力の麻痺」に陥っていたからだと続けた。このフレーズに聞き覚えがあるとすれば、それはプーチンがウクライナ侵攻を正当化する挑発的な開戦演説の中で繰り返したからだ。

プーチンは二月二四日の演説で、ソ連の崩壊は「権力の麻痺というものが、完全なる退廃と忘却への第一歩であるということを示した」と語った。プーチンに言わせれば、冷戦の終結は、イデオロギーや経済の問題ではなく、姿勢や意志の問題だった。ソ連がまばたきをした瞬間に、アメリカがチャンスをつかんだというわけだ。

「われわれは一瞬だけ自信を失ったが、世界のパワーバランスが崩れるには充分だった」とプーチンは力説した。その後に列挙した多くのこと——プーチンが嫌悪するアメリカ一極支配の時代、彼が非難するＮＡＴＯの拡大、彼が否定するロシアの衰退、そして彼がいま目指す復権——は、プーチンがあの瞬間に執着していることを裏付けるばかりだ。

ウクライナ侵攻の本当の動機

今回のウクライナ侵攻をめぐり、プーチンの精神状態やパンデミック下の孤立を指摘する論調がある。しかし、彼の本当の動機は、その著書や頻繁に書く論文、主な演説から部分的に読み取ることもできる。

そうした執筆物に照らし合わせると、ロシアのウクライナ侵攻は、プーチンが昨年公表した長い論文で「もともとは同じ民だった」「一体だった」と表現した二つの国の再統一というよりも、冷戦の不当な勝者である生意気なアメリカとNATOの手先への挑戦であるように思われる。

「自分が優位であり、絶対的に正しく、なんでもしたい放題できるという、その厚かましい態度はどこから来ているのか」と、プーチンは開戦演説で問いかけた。彼はひとつの超大国が支配する世界は「受け入れられない」と言明してきたし、NATO拡大に代表される不均衡がロシアの存在を脅かしていると絶えず警告してきた。「我が国にとって、これは生死にかかわる問題だ」と訴え続けてきたのだ。

プーチンや親族、関係者へのインタビューをまとめた『プーチン、自らを語る』のなかで、彼は高校時代に一教科を除いてトップの成績を収めたと自画自賛している。「作文の成績はBだった」と認めているが、もしそうなら教師の評価は正しかったと言えるだろう。

彼の文章は、単純明快なものからひねり過ぎたものへ、内省的なものから圧倒的に利己的なものへとコロコロ変わるからだ。それでも、彼の目から見た歴史の記録としての役目は果たしている。

そこから読み解けるのは、プーチンがルールや規範に縛られないロシアの例外主義を確立するため、不断の抵抗姿勢を打ち出そうとしていること。彼の著述は、自国と自分自身が負わされた「歴史的な過ち」を正そうとする指導者と、モスクワは二度と沈黙してはならないと確信する男の姿を描き出しているのだ。

超中央集権国家への憧れ

一九九九年末、当時首相だったプーチンは「千年紀の変わり目のロシア」と題した長い論文を発表し、自国の国際的地位の低下を嘆いた。九〇年代のロシア経済の衰退は、ソ連時代の共産主義の「歴史的な無益さ」と、「外国の教科書から学んだやり方」のせいだとし、市場モデルや箇条書きの改革案をひっさげてやって来た欧米人に毒舌を放った。

インフラが脆弱で、外国からの投資も少なく、健康指標が低いロシアは「世界の国家のなかで第二、場合によっては第三の地位に転落する」可能性があるとプーチンは書いている。

それでもプーチンは、この国はもう一度栄光をつかめるとし、「ロシアを過去の大国として葬り去るのは時期尚早だ」と豪語。その打開策は、共産党の価値観への回帰ではなく、経済発展と道徳的、さらには精神的な再生に向けた長期的な戦略だと書く。

ではその戦略のために何が必要なのか？　プーチンはこの論文で具体的な答えをほとんど示していないが、一点だけこう強調している。

「ロシアには強い国家権力が必要であり、それを持たねばならない」

さらに、この論文の一年後に出した『プーチン、自らを語る』のなかで、その要件を神秘的な言葉で表現している。「ロシアはそもそも超中央集権国家として創造された。それは実質的に遺伝子コードや伝統、そして人々の精神に刷り込まれているのだ」

昨年七月、プーチンは「ロシア人とウクライナ人の歴史的一体性について」と題した論文を発表した。二つの国は、本当は信仰、文化、言語を共有する一つの民族であり、「現代ウクライナ」はソ連時代の創作物にすぎないと主張している。

そして例のごとく、この共有財産を損なおうとする外国の非道な企てを非難しているが、ソ連が建国当初、誤って各共和国に分離独立の権利を与えてしまったことを嘆いてもいる。この「時限爆弾」は冷戦終結時に爆発し、旧ソ連の衛星国は「一夜にして歴史的な祖国から連れ去られ、外国にいることに気づいた」とプーチンは記している。

アメリカにおけるロシア研究者として名高いフィオナ・ヒルとクリフォード・G・ガディは共著『プーチンの世界 「皇帝」になった工作員』（二〇一三年、新潮社）の中で、プーチンはしばしば「都合のいい歴史」を展開すると指摘している。つまり、個人的・政治的目標のため、「自分自身とロシア国家を正当性のマントで覆い隠す」手段として、集合的記憶を操作するのだという。

いまやウクライナ侵攻を正当化するうえで、都合のいい歴史が多用されている。プーチンが言うように、これは侵攻ではなく再統一であって、国際法違反ではなく、冷戦終結時に奪われた合法的な所有物の返還というわけだ。

欲しいものは必ず手に入れる男

もちろん、元KGB将校、あるいはどんな政治家の文章も、額面通りに受け取ってはならない。その目的は、物事を明らかにすることと同じくらいわかりにくくすることにあり、内容は真実というよりプロパガンダだからだ。

プーチンはそもそもコミュニケーションがひどく下手な人間である。『プーチン、自らを語る』によれば、KGBの教官からは内向的で無口だと言われ、前妻さえも彼をよく理解できず、結婚を申し込まれたときは別れ話を切り出されたと思ったそうだ。

ただ、政治に関する文章がすべてそうであるように、プロパガンダはその提唱者がどのように認識されたいかをアピールするものであるため、そこを読み解くには有益な資料になる。この戦時下でプーチンの著述を読むと、彼が世界からどのような戦士と思われたいのか、そして彼自身が理想とする戦士像がうかがえる。

プーチンは『プーチン、自らを語る』のなかで、自分が危険を顧みない人間であることを示す二つのエピソードを紹介している。ＫＧＢの諜報学校に通っていたころ、教官から「危機意識が低い」と評価されたという。

「それは非常に重大な欠点とみなされた」とプーチンは振り返る。

「危機的状況でうまく対応するには、興奮状態にないといけない。恐怖は痛みに似ていて、指標となる。私は長い間、危機意識を高める訓練をしなければならなかった」

このエピソードから伝わるのは、彼が普通の人のように危険を恐れることはない、ということだ。

また、大学時代に柔道のコーチを乗せて車を運転していたとき、反対方向から干し草を積んだトラックがやって来るのが見えたそうだ。プーチンはすれ違いざまに窓から手を伸ばして干し草をつかもうとして運転を誤り、二人を乗せた車は車線を逸脱した。

「ハンドルを急に反対方向に切ると、愛車のおんぼろザポロージェツは横転しかけた」という。車はどうにか側溝には突っ込まず、無事に着地した。目的地に到着すると、仰天したコーチがやっと口を開き、「お前は危険を冒す奴だ」と言って立ち去った。

「何が私をあのトラックに引き寄せたのだろう？　干し草の甘い香りに違いない」と、プーチンは回顧している。

つまり、彼は自分や他人が危険にさらされようと、欲しいものは手に入れるのだ。

敵は徹底的に叩き潰す

一方、『プーチン、自らを語る』に登場する三つ目のエピソードは、彼の子供時代の話で、大胆不敵という印象は薄い。家族で暮らしていたアパートにネズミがいて、プーチンは友人たちと棒を持って追いかけていた。ある日、彼は大きなネズミを見つけ、隅に追い詰めると、ネズミは突然振り返って彼に飛びかかってきた。

「驚いたし、怖かった」とプーチンは振り返る。「今度はネズミが私を追いかけてきて、踊り場を飛び越えて階段を下りてきた。運よく私のほうが少し速かったので、なんとかネズミの鼻先でドアを閉めることができた」

このエピソードは何を物語っているのだろう？ プーチンが自分より弱い敵を倒したと思っていても、それは相手が暴れて彼を逃げさせたにすぎない、ということだろうか。

素直にそう解釈して、そのままウクライナ侵攻に当てはめたいところだが、そんな単純な話ではなさそうだ。

プーチンのウクライナ侵攻に対するＮＡＴＯの明らかな結束強化と、ウクライナの軍や政治家による初期の抵抗は、戦争の拡大・長期化の抑止力として機能するように思われる。だが同時に、それはプーチンをさらにエスカレートさせかねない。

彼は『プーチン、自らを語る』のなかで、ロシアの敵に対する自らの姿勢を「こちらがビクビクすれば、相手は自分たちのほうが強いと思うようになる」と表現している。「そんなときに有効なのはただ一つ、攻めることだ。先手を打って、相手が立ち上がれないほどの打撃を与えねばならない」

プーチンにとって、権力の麻痺はあってはならない。権力とは振りかざしてこそ意味を成すものなのだ。

第三章　いま私たちに求められているもの

トマ・ピケティ

「欧米諸国の考える『制裁措置』は“標的”を大きく見誤っている」

photo:Michael Gottschalk/Photothek/Getty Images

世界的なベストセラー『21世紀の資本』の著者で、フランスの経済学者であるトマ・ピケティが、ロシアに対する欧米諸国の制裁措置の問題点について警鐘を鳴らす。

Thomas Piketty: [Pour gagner la bataille politique et morale face aux autocraties, il faut sanctionner les oligarques, pas les peuples] Le Monde 2022/02/12

COURRIER JAPON 2022/02/23

Thomas Piketty
1971年、フランス生まれ。経済学者。パリ経済学校経済学教授ほか。1993年、ロンドン・スクール・オブ・エコノミクスで経済学博士号取得。2013年刊行の『21世紀の資本』（みすず書房）が世界で250万部を超えるベストセラーに。経済的不平等を主要研究テーマとし、富の再分配や格差解消を訴えている。

支払うべき代償

ロシアのような国家にはどのような制裁を科せば効果が出るのか――。ウクライナ危機がきっかけで、そんな古い議論が再燃している。

結論から言ってしまおう。そろそろ新しいタイプの制裁を考案すべきときが来ている。問題になっている国家体制の恩恵を受けて裕福になったオリガルヒ（国有企業を民営化する過程で生まれたロシアの新興財閥）に対して制裁を集中的に科すべきなのだ。

そのためにまず作るべきは、金融資産を登録する国際的な台帳だ。西側諸国の富豪たちは当然、嫌がるに違いない。それは彼らが、世間で言われているよりもはるかにロシアや中国のオリガルヒと利害をともにしているからだ。

とはいえ西側諸国が政治と道徳の両面で戦いに勝ちたいのであれば、これは支払うべき代償だ。これをしなければ西側諸国がこれまで口にしてきた民主主義や正義についての大演説は空疎な言葉だったと世界に示すことになってしまう。

たしかにプーチンとその側近の資産の凍結は、数年前から制裁の一環で実施されている。問題はそれが象徴的な次元にとどまっていることだ。制裁の対象となっているのはたかが数十人。しかも、それぞれが保有する不動産や金融資産を系統的に照合確認する方法がないので、名義の貸し借りで回避できてしまう。

いまアメリカとその同盟国が検討しているのはロシアを国際銀行間通信協会（SWIFT）という金融ネットワークから切り離すことだ。それをすればロシアの銀行は金融取引や国際送金でそのシステムを使えなくなる。だが、この措置の問題点は標的を大きく見誤っているところだ。

この種の制裁は、二〇一四年の危機の後にロシアに科された従来の経済制裁と同じで、単にロシア政府の権力を強化するのに使われるだけで終わるリスクがある。

ロシアや西洋の企業に多大なコストをもたらし、それらの企業で働く従業員に悪影響を及ぼすだけでなく、二重国籍者や国際結婚をしたカップルにもその影響が及ぶだろう。その一方で最富裕層は（非従来型の金融仲介業者を頼れるので）この制裁から害を被るのを免れるに違いない。

ロシアという国家に言うことを聞かせたいならば、喫緊に取り組むべきなのは、ロシアの体制を支えるマルチミリオネア（資産が数百万ユーロを超える富裕層）という薄い社会層に制裁を集中させることだ。この集団は、数十人よりははるかに大きいが、ロシア国民全体にくらべればはるかに小さい。

具体的に言ってみよう。たとえば不動産と金融資産を合わせて一〇〇〇万ユーロ（約一三億円）以上の人を標的にするなら、最新のデータにもとづくと約二万人であり、ロシアの成人人口（現在は一億一〇〇〇万人）の〇・〇二％だ。ターゲットを五〇〇〇万ユーロ以上に設定するなら五万人、二〇〇〇万ユーロまで下げれば一〇万人（成人人口の〇・一％）が損害を受けることになる。

制裁のターゲットを一〇〇〇万ユーロ以上に絞るだけでも大きな効果があると確言できる。その二万人は、プーチンが一九九九年に権力を掌握して以降、プーチン体制で最大の恩恵を受けてきた層だからだ。しかも、この社会層の特徴は不動産や金融資産のかなりの部分が西側諸国に置かれていることだ（半分から四分の三とされる）。

国際的な金融資産台帳が必要

西側諸国の国家にとっては、こうした資産に重税を課すのは比較的簡単にできることなのだ。たとえば一〇〜二〇％くらいの税率から徴収を始め、残った部分も凍結してしまう措置がとれる。この社会集団は、資産の喪失や西側諸国での滞在禁止処分をおそれてロシア政府に（戦争をやめるよう）働きかけるに違いない。

中国が香港で抑圧的な政策を実施したときも、同じ仕組みで制裁を科すことができたはずであり、今後もそういった制裁を使うことができる。中国の場合、一〇〇〇万ユーロ以上の資産を持つ人は約二〇万人になる。ロシア人にくらべると、そこまで中国国外に資産を置いているわけではないが、それでも制裁による打撃は大きく、政権を動かせる可能性はあるだろう。

この種の制裁措置を実施するためには西側諸国が国際的な金融資産の台帳（「グローバル・フィナンシャル・レジストリー」とも呼ばれる）を作ればいい。これができれば、誰が各国で何を保有しているのかを追跡できる。『世界不平等レポート二〇一八』でも示されたが、これは技術的に可能なことだ。いま有価証券とその保有者を登録しているのは民間の証券集中保管機関（クリアストリーム、ユーロクリア、デポジトリー・トラスト・カンパニーなど）なので、公的当局がこれらの機関を掌握すればいい話だ。これによって公的な台帳ができれば、非合法な資金の流れ、薬物取引の資金の流れがつかめるし、国際的な汚職と闘うのにも不可欠なものになるだろう。

それではなぜ、そのようなものがいままで作られてこなかったのか。理由は単純だ。西側諸国の富豪たちが、この種の透明性によって不利益を被るのを嫌がってきたからだ。ここに現代という時代を特徴づける大きな矛盾の一つがある。

「民主主義国家」と「専制国家」の対立が実態よりも大きく煽られるわりには、西側諸国もロシアや中国と同じように、イデオロギーとしては何の抑制もないハイパー資本主義を信奉しており、法律でも税制でも政治でも大富豪にとって好都合になっていることを忘れがちなのだ。

欧米では、西側の「起業家」を、その富に値するいい仕事をした人物だと持てはやす一方で、ロシアや中国、インド、アフリカの「オリガルヒ」を有害なパラサイトだと言う。だが、真実を言うなら、どちらも似た者同士だ。一九八〇〜九〇年頃から世界五大陸でマルチミリオネアが途方もなく裕福になったが、それは彼らに与えられた優遇措置と特権によるところが大きいのだ。

いまの世界では、資本が自由に動くが、それに対する税制や政治上の対策がない。そんなシステムを長期にわたって維持することは不可能だ。世の中に広まってしまっているドクサ（臆見）を見直すことで、私たちは専制主義の国家に効果的に制裁を科せるだけでなく、いまとは異なる開発モデルを推進していけるだろう。

タイラー・コーエン

「利他主義や慈善は戦時にどう対処すべきか？」

photo:The Washington Post/Getty Images

ウクライナのために何ができるのかと考えている人は少なくないだろう。アメリカ人経済学者タイラー・コーエンが「戦時の慈善」という大局観から、優先すべき二つの課題を提示する。

Tyler Cowen: [How to Help Ukraine? Prioritize Food and Migration]
Bloomberg 2022/03/08
COURRIER JAPON 2022/03/10

Tyler Cowen
1962年、アメリカ生まれ。経済学者。ジョージ・メイソン大学卒業後、1987年にハーバード大学で経済学博士号を取得。ジョージ・メイソン大学マルカタスセンター所長。自ら経済学ブログを運営し、新聞・雑誌への寄稿も多数。2011年、英「エコノミスト」誌に「過去10年間で最も影響力のある経済学者」の一人に選ばれる。主な著書に『大停滞』『大格差』(ともにNTT出版)。

秩序を失った世界で

「一〇億ドル(一〇〇〇億円超)あったら、世界を助けるのにどう使うのがいちばんよいか?」

よく耳にする質問だが、ウクライナでの戦争が激化するなかで、ますます差し迫った問いになるばかりだ。

この問題に専念する「効果的利他主義」という哲学的なムーブメントがある。だがそこでの慈善をめぐる議論はほとんどが、比較的安定した地政学的な秩序のある世界での話だ。戦争によってこうした問題に対する答えはどう変わるのか?

ウクライナで直接的な被害を受けている人々を助ける最良の方法はわからない。だが、慈善で優先すべきことがこの戦争でどう変わるのかということについては、考えがいくつかある。

戦時の慈善としては、二つの問題に注力することがいっそう肝心になる。すなわち、食糧と移住だ。

第一の問題：食糧

戦時中は、人間が基本的に必要とするもの、何より食糧が差し迫った問題になる。たとえば、ウクライナは莫大な量の穀物を世界中に供給しているが、その輸入先には貧しい国々も多く含まれる。

ウクライナの穀物を最も多く輸入しているのが、エジプト、トルコ、バングラデシュ、インドネシア、パキスタンだ。輸入量ではなく割合で見ると、イエメン、リビア、レバノンがとくにウクライナ頼みだ。

戦争と制裁によってロシアからの供給にも影響が出るが、ロシアは穀物の輸出大国というだけでなく、世界最大の肥料の輸出国でもある。

ウクライナの大部分が包囲されて、こうした供給が遮断されたり危険にさらされたりすれば、穀物の輸入国には飢餓と栄養失調のリスクが生まれることになる。

農業の生産性を高めることが、とくに貧しい国々ではいま優先されるべきだ。ウクライナなどひとつの資源国からの食糧供給が遮断されるとき、貧しい国々には別の供給源の選択肢が用意されている必要があるということだ。

ただ、ここでひとつ危ぶまれる問題がある。戦争ばかりの世界になると、食糧にせよその他の日用品にせよ、国内の供給を確保するために保護主義と制限主義が進むだろうということだ。

そうなると、最も貧しく、最も被害を受ける社会が危機に瀕したとき、代替の供給源を見つけることはなおさら難しくなるだろう。

目標とすべきは、豊富な食糧と比較的自由な貿易のある世界であり、国家の自給自足ではない。

第二の問題：移住

戦時の慈善で優先されるべきもうひとつのことは、人材を見つけ再配置することだ。

たとえば、第二次世界大戦の始まる前から戦中、戦後にかけて、ヨーロッパの文化的・科学的な人材のかなり多くが、アメリカやその他の英語圏の国々に移住した。その結果、アメリカと世界の学界ははるかに豊かになった。

同じように、いまロシア、ウクライナ、ベラルーシを去る才能ある人々に良い選択肢を用意することが不可欠だ。そうした人材が母国に留まったら、才能が無駄になるだけではない。その人々の生産性は、母国を去ればさらに良くなりうるのだ。

ロシア、ウクライナ、ベラルーシには悪くない教育制度があり、才能ある芸術家や科学者を生み出してきた長い歴史もある。

人々をロシア、ウクライナ、ベラルーシから出国させるためのインフラはどれくらい整っているのか？　難民たちは行くべきところにすぐ行かせてもらえるのか？　支援してくれる体制は道中に準備されているのか？

ロシア国外にいて、帰国したがっていないロシア人たちについてはどうか？　そうしたロシア人たちはどんな法的地位を得たがっているのか？

ウクライナ人難民を助ける英雄的な努力がなされているが、その多くは間に合わせのものだ。ロシアやベラルーシの市民らも含めて、世界はもっとずっと良くすることができるし、私はそれを願っている。

フランシス・フクヤマ

「プーチンは完敗する——私が楽観論を唱える理由」

photo:Leonardo Cendamo/Hulton Archive/Getty Images

「トランプ以外のポピュリストは、プーチン支持の過去を撤回しようとしている」と指摘するアメリカの政治学者フランシス・フクヤマ。彼がウクライナ戦争がロシアの敗北によって終わるという見通しを「ワシントン・ポスト」に語った。

Greg Sargent: [Could Putin lose? Here's why the 'End of History' author is optimistic] The Washington Post 2022/03/14
COURRIER JAPON 2022/03/25

Francis Fukuyama
1952年、アメリカ生まれ。政治学者、政治経済学者。日系三世として生まれ、コーネル大学を卒業。イェール大学を経て、1981年にハーバード大学で政治学博士号を取得する。スタンフォード大学教授、関西大学客員教授などを歴任。1992年に刊行した『歴史の終わり（上、下)』（新版：三笠書房）で注目を集める。

ロシアはウクライナでの戦争に負けるのだろうか。だとすれば、自由主義や西側諸国の未来はどうなるのだろうか。

有名な論文「歴史の終わり？」（一九八九年）を著した政治学者フランシス・フクヤマが、新たな論文を発表した。そこで彼は「ロシアが向かう先は、ウクライナでの完敗」という予測をして話題を呼んでいる。

フクヤマの主張によれば、ロシアのウラジーミル・プーチン大統領は完全に判断を誤った。ウクライナ国民が覚悟を決めて併合に抵抗する事態を甘く見ていたうえに、ウクライナ全土を制圧する軍事力もないという。

その結果、プーチンが憤慨し不満を募らせて、無差別攻撃の暴挙に発展するのではとの不安が高まっている。このほどウクライナのウォロディミル・ゼレンスキー大統領は、事態が「切迫している」と警告を発した。

しかし、フクヤマは楽観的な見方を変えていない。それは、近々のロシアの敗北に限った話ではない。

当然ながら、一九九一年のソビエト連邦の終焉が念頭にある。フクヤマは「歴史の終わり？」で、西側のリベラリズムがほかのイデオロギーに勝ちを収めたので、長期的にはいずれの政体もこの形態になるだろうと主張した。

アメリカも含めた世界中に反リベラルな権威主義が高まっていることで、フクヤマの論を疑問視する声があがっている。しかし彼の議論は、一般に理解されているものより複雑なのだ。

以上を踏まえ、彼の楽観をウクライナ情勢およびリベラルな民主主義の未来に敷衍《ふえん》して語ってもらった。

民主主義の「ありがたみ」

――「いずれロシアが大量虐殺の暴挙に出てウクライナを蹂躙《じゅうりん》し、ゼレンスキー大統領が何らかの形で降伏せざるを得ず、その後、部分的占拠や激しい抵抗運動が続く」との見方に同意するべきではない理由を教えてください。

フクヤマ　ウクライナを占領して降伏させるほどの軍事力を、ロシアが有しているとは思えないからです。ウクライナは人口四〇〇〇万人超の国であり、すでにプーチンは途方もない規模の軍隊を派遣しています。

このような包囲攻撃を続けるのは、ロシアにとって非常に大きな負担です。毎日、膨大な数の装甲車と兵士、補給品が失われています。ロシア軍の士気もかなり低いようです。

――ロシアの敗北が明確になるときが来る、ということでしょうか。それはどのような形になると思いますか?

フクヤマ どこかの時点で、ドイツ軍が撤退に追い込まれたスターリングラード(現ヴォルゴグラード)攻防戦を彷彿とさせるような状況になるかもしれません。前線にいる軍隊への補給ができなくなり、占領した陣地から撤退せざるを得ないか、形勢が崩壊するかの状況に追い込まれるのです。

——ロシアの侵攻で、世界中の右翼的な権威主義的ポピュリストたちがすでに甚大なダメージを被っている、とあなたは書いています。これについて詳しく説明してください。

フクヤマ ポピュリスト政治には「モラル・クラリティ(道徳上の明快さ)」が要求されてきました。ドナルド・トランプをはじめとするポピュリストの多くは、自分こそ真の「人民の権利の保護者」であり、民主主義的な衝動に進むべき道を切り拓いているのだ、というフリができていたのです。

しかし彼らは、緩い形とはいえ権威主義にも近づいている。その権威主義が、いまやひどい殺戮行為に繋がったわけです。そうなれば、こうした政治形態が軍事侵攻や何の罪もない民の虐殺を招くことは、誰の目にも明らかです。

そんなわけで、ポピュリストは皆こぞって(どうやらトランプだけは例外ですが)プーチンを支持した過去を撤回しようとしているのです。

――現在は西側の多くの人々が、なぜリベラルな国際的機構が必要なのかを思い出す途上にある、という時期なのでしょうか？

フクヤマ　このポピュリスト期の一般理論があります。これは世代的な交代と関係があるのです。リベラルな社会に生きていることを心底ありがたいと思うのは、二〇世紀の二つの大戦のように国家主義の悲惨な紛争をくぐり抜けた人たちや、共産主義を掲げた東欧諸国とソ連の国民のように権威主義的独裁政権下で暮らさなくてはならなかった人たちです。

この世代的サイクルが一巡し、全世代の人々がリベラルな民主主義をありがたいと思わない時代になりました。それ以外のものを実際には経験していないから、そのありがたみがわからないのです。

――あなたはロシアの敗北によって、世界的に再び民主主義が活力を取り戻すだろう、と書いています。つまり、ロシアがこの戦争に負けて、その結果リベラルな国際的秩序が再び力を持つことになると楽観的に考えればいいということでしょうか？

フクヤマ　NATOのような機構の存在と、リベラルな民主主義社会に生きていることをありがたいと人々が思うようになれば、民主主義社会の連帯感は増すと思われます。

問題は、プーチンで終わるわけではないということです。中国が待ち構えていますし、もう少し小者な独裁者たちがまだ世界中に存在しています。民主主義社会が再び互いに支え合えるような、協同的なしくみができればいいのですが。

リベラリズム以外の選択肢

――西側の自由主義が勝利をおさめたことで、大きな問題が解決された世界に対する一種の「倦怠」と、思想の激しい対立のなかでどちらにつくかを決めざるを得なかった世界への「ノスタルジア」が生じるだろう、と著書『歴史の終わり』に書いていますね。

もしかしてこれに似たことが、西側諸国が一斉にウクライナ支持を表明するという、まれにみる事態の裏側にあるのかもしれない、という気がするのです。つまり、この機会に乗じてイデオロギー的闘争の一方の側に堂々と一致団結して与《くみ》しているのではないか、と。

フクヤマ　その通りだと思います。封じ込めてきた理想主義が充満してきているのです。眠っていた一九八九年の精神（東欧社会主義諸国の民主化運動）が、いま再び目覚めるところなのです。人々が、正当な理由のために戦うという思想に好感を寄せているのは、間違いないと思います。それに実質上この三〇年間は、大量消費主義と見境のない中流階級的追求くらいしかなかったわけです。

ついでながら右翼ポピュリズムのほうも、多くは同じ倦怠に陥っているものと思われます。

——もしかしてこれは、リベラルな民主主義的資本主義社会のある側面の、根源的な失敗のようなものを表しているのではないでしょうか。

フクヤマ　「政治の目的は、宗教の教義が規定する良い生き方の理想像などといった、究極目的に資することではありません。なぜなら、それが何かは人それぞれに違うからです。だからこそ、私たちの合意として、自分と非常に異なる人を許容しましょう」というのが、リベラリズムの主義です。

したがって、リベラルな社会はいずれも、共同体の意識のほうが弱く、単一宗教や単一民族の伝統に基づく意識のほうが強いわけです。意図したリベラリズムでは、同胞への兄弟愛なり姉妹愛なりの絆意識を人々が持つに至らないのです。

歴史は直線状には進まない

——『歴史の終わり』論に戻りますが、世界中で高まる反リベラリズムは、多くの人が危惧している事態には至らないだろうとするあなたの説は、驚くほど楽観的に思われます。

フクヤマ　非常に長期的な歴史的観点に立てば、リベラリズムは一七世紀半ば以降、何らかの形で存在し続けてきました。ヨーロッパにおける宗教戦争への反応として生まれたのが、リベラリズムなのです。

それが駆逐されたのは、一九世紀から二〇世紀初頭にかけてのヨーロッパにおけるナショナリズムの勃興のせいでした。その結果、再び一連の悲惨な戦争が起きたのです。一九四五年に、たこつぼ壕から見上げてみんながこう言いました。

「なあ、リベラリズムって結局はそんなに悪くないんじゃないかな。ナショナリズムがこんなにひどいものなんだからさ」

何かがリベラリズムに取って代わり、それが大惨事に繋がる、というこのサイクルがもう一巡することになるかもしれません。

歴史の進み方という側面もあります。直線状に進歩するものではないのです。自分が得たものをありがたいと思うようになる前には、こうした争いをくぐり抜ける必要があります。──少なくともあなたは、ロシアの敗北で、かつて私たちが経験した壊滅的なサイクルは避けられるだろう、との楽観的見方をしているようですね。

フクヤマ　何がリベラリズム以外の選択肢かを思い出させるには、充分な出来事かもしれません。私たちが二〇世紀に経験したようなサイクルを、再びフルに味わうことのないよう祈りましょう。そうなれば、本当に悲惨なことになりますから。

〈世界のコラム〉

ウクライナ侵攻のシンボルになったアルファベット「Z」の謎（「ガーディアン」ほか）

photo:AFP=時事

ロシア軍はもちろん、ロシアの市民たちが「Z」の文字が書かれたTシャツを着たり、旗を掲げたりする様子を報道で見た人も多いだろう。その文字が何を意味するのか、正確なところは専門家のあいだで意見が割れている。「ガーディアン」や「インディペンデント」などの報道を紹介する。

COURRIER JAPON 2022/03/09

軍事機器に記された「Z」

ウクライナ侵攻に関する報道を見ていると、ロシア軍の戦車やトラックに記された「Z」を目にすることがある。これはいったい何を意味しているのか――謎めいたこの記号の意味が最近、欧米諸国の専門家たちのあいだで議論されているという。

英紙「ガーディアン」(二〇二二年三月七日付)によれば、ロシアの侵攻が始まって以来、Zのほかにも「O、X、A、Vなどの文字が描かれた軍事機器が目撃されている」という。ちなみにZという文字は、ロシア語のアルファベットであるキリル文字に存在しない。

軍事専門家たちによれば、ロシア軍が駐留する地域ごとに文字が振り分けられているという説が有力だ。Zは「ザパド(西)」を意味する可能性が高いという。あるいは、「Zはウクライナのウォロディミル・ゼレンスキー大統領、Vはウラジーミル・プーチン大統領を意味するのではないか」と語る専門家もいる。

ロシア国防省はいずれの説にもコメントしていない。だがインスタグラムのアカウントでは、Zは「Za pobedu(勝利のために)」、Vは「真実の力」を意味すると投稿されている。

国営放送が「Zグッズ」を販売

「Zの文字はいまや、ロシアのウクライナ侵攻におけるプロパガンダのシンボルだ。第二次世界大戦でナチスの兵士が身につけた鉤十字と並べられるようになっている」

こう報じるのは英紙「インディペンデント」（二〇二二年三月一二日付）だ。ここ二週間ほどで、アルファベットの「Z」は軍事的なマークから、ウクライナ侵攻を支持するロシア国民の主要なシンボルとなっているという。

実は侵攻開始からわずか三日後、クレムリンの資金源であるロシア国営放送「RT（旧ロシア・トゥデー）」はロシア軍への支持を表明するために、アルファベット「Z」がデザインされたTシャツやパーカーを販売すると発表していた。ちなみにその収益は「戦争の被害を受けた子供たち」を支援する慈善団体に寄付されるという。

このグッズが販売されはじめて以来、ロシア全土で「無数のフラッシュモブが当局によって企画され、ロシアの若者たちがZシャツを着て戦争への支持を表明する姿が見られるようになった」と「ガーディアン」は報じる。さらに「ソ連時代に建築された大きなマンションにZの文字が描かれたり、街頭広告の看板に貼られたりしている」。

アメリカのシンクタンクである「ウィルソンセンター」のカミル・ガリエフはこの現象

について、「完全にファシスト化している」とツイッターで語っている（二〇二二年三月七日）。

「プーチンはこの戦争を始める決断をした。そして彼はロシア国民の幅広い支持を得た。誰もこうした〝支持表明のショー〟に参加することを強制されていないし、完全に無視することもできる。それでも彼らは応援する。気分がよくなり、誇りを感じるからだ。ロシアは再び偉大になったのだと」

日常に侵入する戦争の記号

この「Z活動」に共鳴している人は少なくない。たとえばロシアの体操選手イワン・クリアックは三月五日、ドーハで開催されたワールドカップで銅メダルを受け取る際に「Z」を身につけ、侵略への支持を表明した。金メダルを獲得したウクライナのコフトゥン・イリア選手が隣にいたにもかかわらずだ。

またロシア国内の学校の多くが、子供たちが「Z」の陣形をとって並んでいる姿の写真を投稿している。学校のみならず、ホスピスにいる末期がん患者の子供たちが雪の中で「Z」字形に並んでいる写真まで撮影され、拡散された。このプロパガンダは、ホスピスを運営する慈善団体の会長、ウラジーミル・ヴァヴィロフが企画したとされている。

SNSで拡散される、ホスピスの子供たちが「Z」の隊列を作る様子

さらには「Z」のついた服やバッジを身に着けている政治家も数人確認されているようだ。工作員として活動した罪により、二〇一八年、アメリカで有罪判決を受けたマリア・ブティナ（現在はロシア連邦国家院議員）は、「Z」のTシャツを着た同僚たちとの写真を撮っている。そして以下のキャプション付きで、SNSに投稿した。

「軍隊と大統領を応援するチームです！　今日も頑張ろう！」

たかが文字といえど、それが国民を煽り戦争を支持させる記号になれば、最悪なプロパガンダとなる。人類史に残る負の記号となった鉤十字のように、このままでは「Z」が二の舞を演じることになるかもしれない。

第四章　この戦争の行方を読む

ジョージ・ソロス

「プーチンと習近平は第三次世界大戦の引き金になろうとしている」

photo:Bloomberg/Getty Images

稀代の投資家ジョージ・ソロスによれば、プーチン大統領はそもそもロシアとウクライナについて大きな思い違いをしており、中国の習近平国家主席もまた、今回の戦争について見通しを誤ったという。

George Soros:［Vladimir Putin and the Risk of World War III］Project Syndicate 2022/03/11
COURRIER JAPON 2022/03/20

George Soros
1930年、ハンガリー生まれ。投資家。1949年、ロンドン・スクール・オブ・エコノミクスに入学し、同スクールで哲学の博士号取得。証券会社勤務を経て、1969年にジム・ロジャーズとともにファンド設立。1992年にイギリスの為替介入に対抗して巨額の利益を出し、「イングランド銀行を潰した男」と呼ばれる。慈善活動家としても有名。

歪んだロシア観

二月二四日に始まったロシアのウクライナ侵攻は、我々の文明を壊滅させる可能性を孕《はら》む第三次世界大戦の引き金だ。

この侵攻に先駆け、春節(旧正月)であり北京五輪の初日でもあった二月四日、ロシア大統領ウラジーミル・プーチンと中国の習近平国家主席との間で長時間の会談が持たれていた。

会談終了時、二人は五〇〇〇単語にわたる綿密に練られた声明によって、二国間の緊密な同盟関係を強調した。本声明はいかなる協定にもまして強力なものであり、詳細な事前交渉を必要としたことは明らかだ。

プーチンによるウクライナへの侵攻・戦争遂行を、習近平が事前に承諾していたらしいことは、私にとって驚きだった。

本年中に予定されている終身主席の地位承認がもはや形式的手続きにすぎないことを、習は確信しているに違いない。彼はすべての権力を己が一手に集中させつつ、自身が毛沢東や鄧小平に比肩する地位に上りつめるまでのシナリオを綿密に描いてきたのだ。

習という後ろ盾を得たプーチンは、信じがたい残忍さをもって、生涯をかけた夢の実現へと着手した。七〇歳も近づき、自身の名をロシア史に刻むならばいましかない、とプーチンは感じているのだ。

しかし、世界におけるロシアの役割について、彼の考えは歪《ゆが》んでいる。ロシア国民たちは盲目的に追従すべきツァーリ（皇帝）を必要としている、と彼は信じているらしい。これは民主主義社会に真っ向から反対する考え方であり、また、感傷的と言えるほど情に溢れた「ロシア的精神」を曲解したヴィジョンだ。

一九四五年、子供だった私は、当時ハンガリーを占領していた多くのロシア兵と出会った。私は、ロシア兵たちが、頼まれれば最後の一欠片《ひとかけら》のパンさえ他者と分かち合うような者たちであることを知った。

時は流れて一九八〇年代の初頭、私は「我が政治的慈善事業」と自ら名付けた計画に着手した。まず生まれ故郷のハンガリーに財団を設立し、ソビエト帝国解体の動きに積極的に加担していった。ミハイル・ゴルバチョフが権力の座に就いた一九八五年には、すでに帝国の崩壊は始まっていたのだ。

私はソ連崩壊後のロシアでも財団を設立し、独立したそれぞれの国でも同じことをしていった。ウクライナに財団を設立したのは、独立国家として成立するよりさらに前のことだ。

一九八四年には中国も訪れたが、そこで私は外国人として初めて中国国内での財団設立を認められた（ただし、中国の財団は一九八九年に閉鎖させた。天安門事件直前のことだ）。プーチンを個人的に知っているわけではない。が、私は彼の出世を間近で見てきたし、彼の残酷さも知っていた。彼はかつてチェチェンの首都グロズヌイを粉々にしたし、いままさにウクライナの首都キーウに対してそれと同じことをしようとしているのだ。

ウクライナの勇敢さ

プーチンも、かつては有能なＫＧＢ諜報部員だったが、最近は変わってしまったようだ。固定観念を肥大させ、現実との接点を見失ってしまったように見える。

彼はウクライナの現状を明らかに読み違えた。ロシア語話者のウクライナ人であれば、武器を構えたロシア兵たちでも歓迎してくれると踏んでいたのだろう。

だが、そうした人々も、ウクライナ語話者のウクライナ国民たちと何も変わらなかったのだ。一見絶望的なまでの戦力差に抗い、ウクライナの人々は驚嘆すべき勇敢さで戦っている。

二〇二一年七月、プーチンは「ロシア人とウクライナ人はまさに同一の民族である」と主張する長い論文を発表し、そこで「ウクライナ国民は、ネオナチの煽動者たちに惑わされている」と述べた。ロシア正教の最初の主教座がキーウに置かれていた事実を考えれば、前者の主張は歴史的妥当性がないわけでもない。

しかし後者の主張に関して言えば、惑わされているのはプーチン自身である。彼も馬鹿なことを言ったものだ。二〇一四年のユーロマイダン（親露派政府に対するウクライナ市民の抵抗運動で、当時の親露派大統領の追放をもたらした）では、多くのウクライナ国民が勇ましく戦ったというのに。

二〇一四年に起きた一連の出来事はプーチンを激怒させた。しかし、ウクライナの同胞たちへの攻撃を命じられたロシア軍の働きは、芳《かんば》しいものではなかった。防衛事業請負をめぐる根深い腐敗も、ロシア軍の不振の大きな原因である。

だが、プーチンは自らを責める代わりに、文字通り正気を失ってしまったようだ。彼は自らに歯向かうウクライナを罰することを決意し、いまでは何の歯止めも利かず動いているように思える。全ロシア陸軍を戦闘に向かわせたうえ、市民への無差別爆撃に顕著なように、戦時法のすべてを無視しているのだ。

多くの病院が爆撃され、さらに現在ロシア軍が占拠しているチョルノービリ（チェルノブイリ）原子力発電所の電力供給網も損害を受けた。包囲状態にあるマリウポリでは、水や食糧が不足するなか、四〇万人が一週間近くを耐え忍んでいる。

ロシアがこの戦争に負けたとしてもおかしくはない。アメリカとEUはどちらもウクライナに武器を供給しており、ウクライナのパイロットが乗り慣れたロシア製ミグ戦闘機の購入計画もある。これらが与える影響は大きい。結果はどうあれ、EUの決意と団結の強まりに、すでにプーチンは不安を感じ始めている。

一方の習近平は、プーチンが常軌を逸してしまったことに気づいたらしい。中国外交部長の王毅が「中国とロシアの友好関係は『岩のごとく強固』だ」と宣言した翌日の三月八日、習はフランス大統領エマニュエル・マクロンおよびドイツ首相オーラフ・ショルツとオンラインで会談し、停戦調停に向けた両国の試みを支援すると伝えた。人道的危機回避のため、この戦争に対する最大限の抑制を望むとのことである。

プーチンが習の要望に応じるにはまだまだ遠い。二人が我々の文明を破壊する前に、権力の座から降ろされることを願うばかりだ。

ジョン・ボルトン

「中国とロシアの協調こそが世界の脅威になる」

photo:Melissa Sue Gerrits/Getty Images News/Getty Images

ジョージ・W・ブッシュ政権で国務次官、トランプ政権で国家安全保障問題担当補佐官を務めたタカ派のジョン・ボルトンが、日本の名前も挙げながら、これからの世界について「エコノミスト」に寄稿した。

John Bolton:［John Bolton on the lessons to be drawn from Russia's invasion of Ukraine］The Economist 2022/02/28
COURRIER JAPON 2022/03/05

John Bolton
1948年、アメリカ生まれ。政治家、外交官。イェール大学卒業後、1974年、同大ロー・スクールで法学博士号取得。2001年に国務次官就任。北朝鮮やイランへの強硬姿勢で「ネオコン（新保守主義者）」と呼ばれた。2018年、トランプ大統領に請われ、国家安全保障問題担当補佐官に就任。袂を分かって辞任後の2020年、『ジョン・ボルトン回顧録』（朝日新聞出版）で、同政権の内幕を暴露した。

三つの教訓

ロシアとウクライナの戦争が長期化する可能性が出てきた。戦争開始からわずか数日のうちに、政治家や専門家はすでに重大な結論を導きだしている。

一つの見方は、ロシアが迅速かつ決定的で犠牲者の少ない勝利を得られなかったため、プーチン大統領の失脚は不可避であり、目前に迫っているというものだ。一方、ロシアの勝利が血なまぐさいものになっても、ウクライナの近隣諸国を直接脅かし、ヨーロッパ内に緊張を持続的にもたらすという見方もある。

どちらが正しいのか私にはわからない。ここでアイルランドの政治思想家エドマンド・バークの言葉は、いつもながら的確だ。

「神よ、目の前の道がはっきりしないときは、私はいつも用心して歩きます」

しかし、いくつかの教訓はすでに明らかになっている。

第一の教訓は、敵の発言に注意を払うべきだということだ。二〇〇五年にプーチンは「ソ連の崩壊は二〇世紀最大の地政学的大惨事だ」と発言した。それ以来プーチンはゆっくりと、しかし組織的に、侵攻、併合、独立国家の創設などを通じて、ソ連崩壊をくつがえそうと試みてきた。

二〇〇八年のジョージアでの紛争、二〇一四年のウクライナへの軍事侵攻をはじめ、それほど攻撃的ではない手段でベラルーシ、アルメニア、カザフスタンなどにも干渉してきた。ロシアの軌道に取り込むためだ。

一方、このような展開に対して、西側諸国はほとんど無頓着であった。防衛費は充分ではなく、ロシアの石油とガスの供給への依存度を高めた。さらにロシアの指導者を自分たちの鏡のように、「ヨーロッパ人になろうとしている人」と見ていた。

そんな時代はもう終わったかもしれないが、ウィンストン・チャーチルの「人間の学べなさ」に関する洞察は、依然として深いものがある。習近平、ハメネイ、金正恩の演説を最近読んだだろうか。

世界平和は目前にない

第二の教訓は、軍事力の積極的な行使が復活しているということだ。「ルールに基づく国際秩序」が直接的に攻撃されたが、その秩序はエリートサロンや学会の回廊で想像されるほど揺るぎないものではなかった。

ロシアの侵攻阻止とウクライナへの事前支援は明らかに不充分だったものの、実際に銃撃が始まってからの国際的な反応の強さは印象的だ。これまでのところ、ウクライナの抵抗が強固なことも非常に大きな救いとなっている。

しかし単純に考えてはいけない。ロシア軍が道に迷った、燃料が切れた、あっさり降伏した、あるいはウクライナに渡るのを拒否したという報告はすべて、ロシア軍の士気や資源が不充分だったということを示している。

真の疑問は、この自然発生的な広範囲な怒りが持続するのか、それともロシアやその他の潜在的な国際的侵略者に対し、西側諸国の対応が不充分なまま現状維持に陥るのかということだ。

世界平和は目前にない。レトリックや美徳を示しても、新たな戦略的思考や国防予算の増額には代えられない。二月二七日、ドイツがＧＤＰの二％を防衛費に充てるという二〇一四年のＮＡＴＯ首脳会議での公約通りにすると宣言したのは称賛に値する。その資金の性質や用途が明らかになれば、さらなる称賛を得られるだろう。

中国の台湾に対する脅威についても関心が高まっているのは当然だ。その脅威はあまりに深刻で、日本の安倍晋三元首相などは、中国の攻撃から台湾を守るかどうかという「戦略的曖昧さ」を捨てるよう米国に勧告しているほどだ。日本人は、台湾への攻撃は日本への攻撃であることを充分に理解している。

また、韓国に対する北朝鮮の脅威は、些細なことでも冷戦の遺物でもない。北朝鮮が、核兵器と弾道ミサイルの開発に、さらに成功していることを鑑みるべきだ。中国政府にとっては、北朝鮮は西太平洋地域などを脅かすための資産である。韓国の大統領選挙にはロシアのウクライナ侵攻の影響が表れるだろう（二〇二二年三月九日、保守派最大野党「国民の力」の尹錫悦《ユンソギョル》氏が当選）。旧共産圏の大国と隣接する小さな国という意味では重なるところがある。

中東では、明らかにイランが、過激で拡張主義的な神学をいまだ重視している。テヘランによる敵対的な活動は、平壌の核とミサイルの脅威と類似している。近隣諸国の民間人を攻撃するためにイエメンのフーシ派反政府勢力にドローンとミサイルを提供するほか、ハマスやヒズボラなどのテロ組織を支援する。また、イランの利益を促進するため、イラクとシリアで戦力とテロ戦術を駆使している。

中露同盟が世界にもたらす脅威

第三の教訓は、ロシアと中国の新たな同盟関係が進行していることだ。ロシアを孤立させようという動きは、主にヨーロッパからの孤立を意味する。ヨーロッパは、完全に自国の責任で、ここ数十年間にエネルギー供給をロシアに過度に依存するようになった。

長い目で見て、世界の他の国々がその動きに賛同するかはわからない。たとえば、ウクライナ侵攻を非難する国連安保理決議にロシアが拒否権を発動した際、インドや中国、アラブ首長国連邦は投票を棄権していた。

欧州がロシアの石油やガスの輸入を禁止する場合、代わりにそれを中国が買い取るという暗黙の保険がロシアに約束されているかもしれない（しかし欧州はまだ行動を起こしていない、ベルリンは寒いのだ）。

さらに重要なのは、本格的な同盟関係にはまだ至っていないものの、ロシアと中国の協調の戦略的位置づけだ。冷戦時代に西側諸国が恐れていたのが、この北京とモスクワの関係だった。ニクソンとキッシンジャーが「チャイナカードを使う」と決意したのも、北京とモスクワの間の溝を広げるためだった。当時、ソ連のニキータ・フルシチョフが脱スターリン化を進めて以来、中ソの溝が開きつつあったのだ。

これまでに両国の利益が収斂《しゅうれん》されたことから、この協調関係が確固たるものであるのは間違いない。両帝国が牙を剝いたいま、それを分断する新たな戦略の「カード」を出すのは難しい。そして両国の連携は、今後数十年にわたって現実的な脅威となるだろう。

要するに、復讐を伴う国際的な脅威が復活している。まだ答えの見えない重要な問いは、アメリカなど西側諸国が、そのような停滞を脱せられるかだ。

ロバート・ケーガンほか

「ウクライナが“完全支配”されたら何が起きるのか？」

photo:Win McNamee/Getty Images News/Getty Images

プーチン大統領が、ウクライナ全土を手中におさめたと仮定する。その次に起きることは何なのか――新保守主義の論客として知られるアメリカ人歴史家のロバート・ケーガンが「ワシントン・ポスト」紙に語った予測を中心にお届けする。

COURRIER JAPON 2022/02/26

Robert Kagan
1958年、ギリシャ生まれ。歴史家、政治史家。イェール大学卒業後、ハーバード大学を経て、アメリカン大学で歴史学博士号取得。1984年から1988年まで米国務省に勤務した。現在、ブルッキングス研究所上席フェロー。2003年に『ネオコンの論理』（光文社）を発表し、ネオコンを代表する論客としても知られるようになる。

二正面作戦の危機にあるアメリカ

ケーガンは、ロシアがウクライナを実効支配した場合における「三つの地政学的リスク」

を指摘する。

一 新たな紛争の「最前線」が生まれる

これまでロシアが自国軍を展開できたのは、ウクライナ東部の国境までだった。ロシア軍がウクライナ全土を掌握した場合、ウクライナ西部と（事実上はロシアに属領する）ベラルーシの基地に戦力を配備できるようになるだろう。

そしてその影響力は、ポーランドの一〇四七キロメートルにおよぶ東部国境全体とスロバキア、ハンガリーの東部国境、ルーマニアの北部国境に及ぶ。クリミアから沿ドニエストル共和国（モルドバ共和国内にあり、国際的には同国の一部とされている分離国家）への陸橋がつながれば、同国もロシアの影響下に置かれるだろうと、ケーガンは指摘する。

二 バルト三国がロシアに寝返る可能性がある

緊急性を帯びるのがバルト三国への脅威だと、ケーガンは書く。すでにエストニアとラトビアと国境を接するロシアは、ベラルーシやカリーニングラード（ロシアの飛地領）の〝前線基地〟を通じてリトアニアと隣り合わせでもある。

かねてから、NATOがロシアの攻撃からバルト三国を守れるのかという懸念があった。NATOがもはや自国を守ってくれないことが明白になれば、ロシアがバルト三国をNATOから引き離すというシナリオも現実のものになるかもしれない。

ロシアの〝国境拡大〟が強行された場合、ポーランド、スロバキア、ハンガリー、ルーマニアの四つのNATO加盟国はロシアと隣接することになる。こうなれば、アメリカやNATOの防衛能力は著しく低下する。

プーチン大統領が目指すのは「ロシアの伝統的な勢力圏」の再獲得であり、影響力を増した同国の要求に対し、西側の同盟諸国は既存体制のままでは〝不確定的な状況〟に陥るだろうとも、ケーガンは付け加える。

三　中国の行動が〝共通の利益〟を生み出すか

欧州での混乱を機に、中国が東アジアの勢力図を塗り替えるべく動き出すリスクも指摘されている。地政学的に見ても、中国にとっての台湾は東アジアと西太平洋を軍事支配するうえで明暗を分ける場所といえる。何らかの形で中国が台湾の主権を握った場合、ほかのアジ

ケーガンはロシアの飛地領「カリーニングラード」が火種になるとも指摘

ア諸国はパニックに陥り、アメリカに助けを求めるかもしれない。

さらに、ケーガンはこうも付け加える。

「このように遠く離れた二つの舞台で同時に発生する戦略的挑戦は、一九三〇年代のドイツと日本を彷彿させせます」

当時の二国は決して同盟関係にはなかったが、「世界の秩序を覆す」ための互いの行動から利益を得ていた。つまり、ドイツがヨーロッパでの侵攻を進めたことで日本はよりリスクの大きな一手を打つことができ、反対に日本の躍進によって、アドルフ・ヒトラーは「日本からの攻撃に取り乱したアメリカが二正面で衝突するリスクは冒さない」と確信できたとケーガンはまとめている。

ケーガンは、ウクライナが独立国として存在しなくなる可能性が高いと考えている。ウクライナ国内でロシアへの対抗軍が生まれることを想像するアナリストもいるが、ウクライナがロシアの占領軍に立ち向かうには周辺国からの補給が不可欠だ。しかし、ポーランドやバルト諸国がその役割を果たすのは考えにくいとケーガンは結論する――ロシア軍からの反撃のリスクがあるためだ。

中国は難しい立場

中国とロシアが手を結ぶというシナリオについてはどうか。カタールのメディア「アルジャジーラ」は、ロシアのウクライナ侵攻によって中国は「国際舞台において難しいポジションに立たされた」と報じる(二〇二二年二月二三日)。中国国連大使の張軍は、(二月)二一日の安全保障理事会で国際紛争における「平和的な解決」を求め、ロシアを支援する姿勢は明確には示していない。

ロシアと中国、ともにクアッド(QUAD)やオーカス(AUKUS)など、アメリカ主導の新たな同盟を批判している点では同じだ。両国間では約一四兆円の石油やガスの取引もあり、密接な経済関係にある。だが、それでも中国はロシアとウクライナの紛争において主要な役割を果たす意図はなかっただろうというのが、同メディアの指摘だ。

中国にとっては、ウクライナも重要な取引国である。二〇二〇年の両国間の貿易額は約一・八兆円にも上り、特に中国は国内産業で使用する鉱石などの原材料をウクライナに頼っている。

さらに習近平国家主席は、今年の中国共産党第二〇回全国代表大会で前人未到の三期目当選を目指している。それまでは、順風満帆に進みたいという思いも強いはずだと同メディアは報じている。

アメリカのシンクタンク「ジャーマン・マーシャル・ファンド」でアジア・プログラムの

ディレクターを務めるボニー・グレイザーは次のように指摘する。

「中国は外交政策について常に主権を重視しています。だからこそ、ロシアと関わりたくないと考えているはずです。アメリカや欧州諸国との関係、そして世界的な評価を考えると、ロシアに手を差し伸べる行為はあまりにも代償が大きいのです」

同じくアメリカの「ブルッキングス研究所」のライアン・ハスも同様の意見だ。

「中国がロシアを公に支援すれば、先進国の多くに包囲されることになります。中国は〝もっとも弱い大国〟に縛られ、それ以外の大国との関係を悪化させることになるでしょう」

〈世界のコラム〉

プーチンが「核のボタン」を押すなら、どこが標的となるのか（「ワシントン・ポスト」より）

photo:SPUTNIK/時事通信フォト

ウクライナに侵攻したプーチン大統領の「核の脅し」は、はったりではないと懸念を強める専門家たちがいる。核兵器が使用されるとすれば、いつどこが狙われるのか。

Anthony Faiola:［Why Putin's nuclear threat in Ukraine could be more than bluster］The Washington Post 2022/03/15
COURRIER JAPON 2022/03/22

戦術核兵器が二〇〇〇発

インターネット上で最も恐ろしいサイトは、ダークウェブに潜んでいるのではない。それは普通に見ることができるサイト「nuclearsecrecy.com（核の秘密ドットコム）」に隠れているのだ。

このサイトにある「Nukemap（核マップ）」では、核爆弾の大きさを選んで世界のどこにでも落とし、どれだけの破壊力があり、どれだけの被害をもたらしうるかを見ることができる。ウクライナの首都キーウの近くにピンを立てれば、ロシアによる侵略戦争で核兵器が使用される可能性がそれなりにあることがわかるだろう。

甚大な被害が出るからではない。むしろ特定のシナリオのもとでは、被害がかなり限定されるからだ。

戦術核兵器の出現により、破壊力や放射線が及ぶ範囲を限定できるようになった。一般的に戦術核兵器とは、戦場で使用するために設計された低出力の核兵器で、広島に投下された原爆の何分の一かの威力にとどめることができる。

つまり、ウクライナの都市を丸ごと破壊することなく核を使えるというわけで、ロシアのウラジーミル・プーチン大統領が使用する可能性が懸念されている。

たとえば、キーウのジュリャーヌィ国際空港の端で一キロトンの小型核爆弾を爆発させれば、プーチンはその火球や衝撃、放射線でこれまで以上の強いメッセージを送ることができるだろう。だがその爆発半径は滑走路の端までは届かず、被害を限定的にとどめることができる。

ロシアはそのような核兵器を二〇〇〇発ほど保有しているとされる。なかには、魚雷や爆雷、あるいは砲弾や地雷に取り付けられるほど小さなものもある。

どんな小さな核兵器でも、それが配備されたとなれば、世界は恐怖におののくだろう。だが、被害が限定的であるだけに、もしプーチンがウクライナで戦術核を使用したとしても、必ずしも第三次世界大戦の引き金にはならないと指摘する専門家たちもいる。

「敗北」より「核」をとる

プーチンはすでにモスクワの核戦力を「特別警戒態勢」に引き上げている。アメリカ政府はロシアが核を使用する可能性は低いとみて、プーチンのはったりだと軽視しているが、国連のアントニオ・グテーレス事務総長は先週（三月一四日）、「かつては考えられなかった核戦争が起こりうる状況だ」と危機感を示した。

多くの専門家は、プーチンは小型の核兵器でさえ使用するリスクは冒さないだろうとみている。使用に踏み切れば、さらなる経済制裁を招いてロシア国内の反戦世論が高まりかねないほか、中国やインドなど友好国との関係にも悪影響を及ぼすからだ。

西側では、プーチンの精神状態を疑問視する声が多く聞かれる。だがＣＩＡ（アメリカ中央情報局）長官を含む多くの専門家は、プーチンが多かれ少なかれ正気の範囲内にとどまっていると判断しているようだ。

ただ、そうした専門家たちも、プーチンは孤立し、憤慨しているとの見方で一致している。ウクライナ軍の強い抵抗に遭い、ロシア軍の進撃が当初の計算からはるかに遅れているなか、プーチンの怒りが急速にエスカレートする可能性があるとみている。

アメリカのシンクタンク「アトランティック・カウンシル」の戦略・安全保障センター副所長のマシュー・クローニグは、プーチンが低出力の核兵器を配備するリスクが最も高いのは、ウクライナの抵抗が勢いを増して勝利に向かい始め、ロシアの敗北が決定的になった時だと指摘する。

「プーチンが核兵器を使わずに軍事的完敗を受け入れるとは思えません。彼は、敗北を認めるよりも核の限定的使用のほうがマシだと考えるでしょう」

「破壊の亡霊」を呼び起こした

もしプーチンが核を使うとしたら、ほぼ間違いなく、標的を絞った低出力の兵器を配備するはずだと、クローニグは示唆する。これは他の専門家たちがみるロシアの軍事戦略「エスカレート抑止のためのエスカレート（escalate to de-escalate）」に合致する。つまり、危機的状況を最高潮にまで盛り上げて、ロシアに有利な条件で西側に妥協を強いるという戦略だ。

「ロシアは黒海に停泊している船も、ウクライナの民間機も、地上の戦車も核攻撃できます」とクローニグは続ける。

「可能性は低いですが、小さな都市を核攻撃することもありえます。軍事施設よりも民間人を標的にしたほうが危機のエスカレートにつながります。そして西側は『オー・マイ・ゴッド、あいつは核兵器を使いやがった』となるでしょう。それをプーチンは期待しているのです。私たちが『これはもう度を越した。和平を求めなくてはならない』と思うのを」

そうなるリスクは西側諸国が考えているよりも高いと、一部の専門家は指摘する。プーチン政権内では、核の選択肢は西側が考えているほどタブー視されていないように思えるからだ。たとえば、プーチンは二〇一八年の年次教書演説で、大きな拍手を受けながら、極超音速で射程無制限の核ミサイルの嵐がフロリダに降り注ぐというコンセプト動画を放映した。

西側諸国は、核兵器の配備は想像を絶するものであり、そのような兵器は抑止力のためにしか存在しないと考えているかもしれない。しかし、「プーチンやロシア人にとっては、それほど想像できないことではない」とクローニングは言う。

「そこには大きな文化的差異があると思います。ロシアは戦争シミュレーションを兼ねた大規模な軍事演習の最後を、しばしば核攻撃で締めくくります。私たちは核兵器をまったく次元の違う武器として捉えていますが、彼らは大きな砲弾ぐらいにしか考えていないのでしょう」

たとえプーチンが停戦に合意したとしても、彼が発した核の脅威はウクライナ紛争を越えて、世界にその影を落とすだろう。ソ連の崩壊後、多くの人がようやく消えてくれたと思っていた「破壊の亡霊」を呼び起こしたのだ。

クローニングは言う。

「冷戦が終結して以降、大国間競争がなかったのは幸いでした。しかしいま、それが戻ってきてしまったのです」

クーリエ・ジャポン　https://courrier.jp/
世界中のメディアから厳選した記事を日本語に翻訳して掲載する月額会員制ウェブメディア。2005年に隔週刊誌として創刊し、2016年にウェブに移行。現在の有料会員は1万人を超える。ニューヨーク・タイムズ、ワシントン・ポストなど米国の有力紙から、仏ル・モンド、独シュピーゲル、西エル・パイスといった英語圏以外の有力メディアの記事まで多様なメディア・ジャンルの記事を掲載。世界の教養人の記事も多く掲載しており、邦訳書を待たずして最新の論考に触れられることでも評価を得ている。編著に『新しい世界　世界の賢人16人が語る未来』『変貌する未来　世界企業14社の次期戦略』『海外メディアは見た　不思議の国ニッポン』など。

講談社＋α新書　852-1 C
世界の賢人12人が見た
ウクライナの未来《みらい》　プーチンの運命《うんめい》
クーリエ・ジャポン編

2022年5月18日第1刷発行

発行者――鈴木章一
発行所――株式会社 講談社
東京都文京区音羽2-12-21 〒112-8001
電話 編集(03)5395-3522
販売(03)5395-4415
業務(03)5395-3615
デザイン――鈴木成一デザイン室
カバー印刷――共同印刷株式会社
印刷――株式会社新藤慶昌堂
製本――牧製本印刷株式会社

KODANSHA

定価はカバーに表示してあります。

落丁本・乱丁本は購入書店名を明記のうえ、小社業務あてにお送りください。

送料は小社負担にてお取り替えします。

なお、この本の内容についてのお問い合わせは第一事業局企画部「＋α新書」あてにお願いいたします。

Printed in Japan
ISBN978-4-06-528516-9

講談社+α新書